AKA Louis

Les Lettres Marginales

Ou, L'Aurore Des Marges Et Des Dunes

/ / /

© 2021, AKA Louis
© *Silent N' Wise/Silencieux X Sage*
Couverture, Textes et Artwork
Par AKA Louis
Éditeur : BOD – Books on Demand,
12 – 14 rond-point des Champs Élysées,
75008 Paris
Impression: BOD - Books on Demand,
Norderstedt, Allemagne

ISBN : 9782322274178

Dépôt Légal: Janvier 2021

Table des Matières

I/ PRÉAMBULE

1/ Les Lettres Marginales /9
2/ Avertissement/s /11
4/ A Propos de Style /13
5/ Résumé de cet Opus /15
6/ La Ponctuation Dans Le Texte /17
7/ Notes de Lecture /19

II/ TEXTES POÉTIQUES

1/ Les Lettres Marginales /
Ou, L'Aurore des Marges Et
Des Dunes /21
2/ De L'Identité Perdue/
Dans La Vastitude Du
Désert /339

III/ BIO X INFOS

1/ Bio /351
2/ Contact x Liens /353
3/ Ouvrages de L'Auteur /354
4/ Audio x Vidéos /356
5/ Conseils de Lecture/1 & 2 /358 & 359

L'/Équation/ Immesurable

Est/ L'/Équivalence
De *L'/Arabisme/s/* X/ de
L'/*Amour du Prochain/ / /*

'AKA'

Être/ Disciple/ *De La/ / /
Colombe/*

Est Une Voie/
Difficile/ / /

'AKA'

Pré/Ambule/ Avant Propos/ Notes/ & Avertissement/s

Nous Avons, Été, Reconnus/
X/
Salués/ En Langue///
Arabe/ / /

/ / /
Nous Avons Été/ Interpellés/
En/ Persan/ / /

/ / /

A L'/Horizon/ Se/
Lève/// *L'/*
Aurore/s/ Des Marges/ / /

/ / / Étincelée/ *Est/ La Rose*
Noire/
De/ Pourpre/s/ X/
Dangers/ / /

'AKA'

1/ **Les Lettres Marginales** /

Le Thème Des *Lettres Marginales,*

Nous A Été, Inspiré,

Par Le Désert, La Fraternité,

Et L'Exclusion,

Au Sein, Des Tourments,

Et Peines,

De L'Égarement,

De La Mort,

De La Folie,

De La Naissance,

Et De L'Amour, *Ou,* De Sa

Quête...

Expérience, Extrême, De L'Écriture,

Ce Livre, A Été L'Occasion, Pour Nous

d'Aller, Un Peu Plus Loin,

En Termes *de Proposition/s,*

Littéraire/s,

Toujours basée/s, *Sur L'Improvisation.*

L'Audace, Nous A Amené, Parfois,

Jusqu'Aux Limites, *Sulfureuses,*

De *L'Acceptable,*

Mais Nous Pensons, Ne pas

Avoir Franchi, L'Incorrect,

Peut Être, A Quelques Détails Près.

C'Est Toujours Le Thème, De L'Ivresse qui Est Exploré,

Pour Une Expérience, De Lettres, Toujours plus Forte.

Il Ne Reste, Plus qu'À Espérer, que ce Projet, Plaira, Aux Lecteurs,
En *Souhaitant, Proposer, La Meilleure, Expérience, Possible...*

2/ Avertissement/s /

Ce Livre, Est La Deuxième Occasion, pour Nous,

d'Aller Au Delà, De La

Syntaxe,

De La Ponctuation,

Des Semi Trouvailles,

Linguistiques,

Et De L'Originalité

Littéraire.

La Poésie, Est Pour Nous,

Une Opportunité,

De Dire, Les Choses, Autrement,

Là, Où Parfois Elles *N'Ont pas Déjà*

Été, Dites,

De Ces Manières.

En Nous Jouant, *Du Langage,*

Soutenu,

Mais En Lui Offrant, Aussi,

Une Autre Allure,

Parfois, *Débonnaire,*

Souvent Cinglante,

Et Provocatrice,

Pour Un Aperçu Autre, De la Vie,
/ / /
Et Du Vécu, Propre, De Chacun.

Les Lettres Marginales,

Sont Une OEuvre, Poétique,

Composée, En moins d'Un Mois,

A L'Instar, De La Rose Noire
d'Iran,

Qui N'En Est, pas Moins,
Notre Meilleur Livre / / /

4/ A Propos de Style /

Nos Textes n'Ont Pas de Prétention à La Sagesse, ou Aux Sens Cachés. Ils Constituent, Avant Tout une Invitation, à Vivre, que Nous Transmettons, après l'avoir Nous Mêmes Reçue. Nous Ne Faisons qu'évoquer des Aspects Culturels, Accessibles à Tout Le Monde, et à Celui, En Particulier, Qui Sait se Frayer Un Chemin, Malgré Les Apparences Trompeuses. La Dimension Allégorique et Métaphorique des Textes des Poètes Orientaux, est Faite Pour Éveiller la Jeunesse, et Lui Permettre de Trouver Un Espoir et Une Issue. Derrière la Façade des Plaisirs, et de la Licence, Apparentes Seulement, ce Sont Les Plus Grands Thèmes, et Les Tensions Existentielles Les Plus Épineuses, Qui Sont Évoquées Et Résolues par l'Ivresse. Sans Pouvoir Atteindre l'Intensité et La Noblesse de cette, Ivresse Pieuse, Nous Avons Choisi à Travers Nos OEuvres, Le But de Perpétuer Un Certain État d'Esprit, en l'Actualisant Avec l'Ère Moderne et le Style Contemporain. Les Fondamentaux du Langage soutenu Sont Là, Mais la Fantaisie, N'est Pas Absente... L'Ivresse Poétique, N'est Pas Seulement
Un Domaine, de Lettres, Mais Aussi
Une Discipline de Vie...
/ / /
(Dans ce Livre, La Question du Narrateur, Reste Posée. Mais Ni L'Auteur, Ni Le Lecteur, Ne Sont Obligés d'Y Répondre)

ô/ Mon Frère/
Tu Es
Tombé Pour
/ / / *Une*
Nuit Reine/ / /

/ / /

Ce Soir/

Je Te Proclame/

*Un Soir/ Roi/ De
Pauvreté/ / /*

/ / /

L'Aurore/
Sereine/ / /

Éclot/ *Les Fleurs/
Empourprées/
de/ Rosée/s/ Encore/*

/ / /
Je Salue/ L'/
/ / Oiseau/
Messager/ Du Vin/ /AKA/

5/ Résumé de cet Opus /

'Les Lettres Marginales',
Sont Un Recueil de 189 Textes
Poétiques, Écrit En moins d'Un
Mois, Dans L'Expérience,
Extrême, de L'Écriture...

... A Travers, Une Lutte, Contre
Soi/Même, Et Au Cœur,
d'Un Maelström, de Sentiments,
AKA Louis, Offre, Un Texte,
Puissant...

Sur L'Abandon, L'Étreinte,
Et, La Miséricorde...

La Naissance, Et La Mort...

L'Égarement, Entre Les Dunes.

OEuvre, Et Recueil, Sur
L'Identité, Et L'Origine,
Perdues,

'Les Lettres, Marginales', Et
Leur Poésie, Résonnent,
comme Une des Meilleures OEuvres,
De Leur Auteur...

Tu As Prédit/ *Un*

Malheur/ / /

X/ La Fleur/
De/ L'/Arabisme/

s'/Est/
Dévoilée/ En Toi/

///

Sois Sans crainte/

L'/Aurore/ renaît/
De/ Nouveau/

/ / / L'/Amour

Existe / / /

'AKA'

6/ La Ponctuation Dans Le Texte /

/// Virgule/, : Une virgule marque un léger temps d'arrêt. Idem pour une coupure : (...)
Points de suspension/ ... : Les points de suspension marquent environ deux temps d'arrêt et de silence. Doubles points de suspension/ ... ... : Deux groupes de points de suspension marquent environ quatre temps soit une mesure d'arrêt.
Saut de ligne : Un saut de ligne marque une pause, bien sentie. Un saut de deux lignes marque une double pause, bien sentie. Un grand tiret/ _ : Un grand tiret marque une pause subtile, avec appui sur la dernière syllabe. Retour à la ligne : Un retour à la ligne marque un rejet d'un mot, mis en valeur au début du vers suivant, avec un appui sur la fin du vers précédent. X ou x : Un « x » signifie « et ».
Tempo : La durée des temps d'arrêt ou de silence se détermine par rapport au tempo de la lecture. Ce tempo est celui d'une lecture « normale ». Elle est plutôt vive et rapide, mais laisse place aux mots. // La rythmique des textes n'est pas toujours évidente, mais elle est bel et bien présente. Le Lecteur doit retrouver la dimension verbale, et musicale poétique, et accéder ainsi à la Signification Interne.
Ces éléments de ponctuation ne sont que des indications. Leur utilisation relève parfois, aussi, de l'esthétique. L'emploi inhabituel des majuscules est pure Licence Poétique, et ne doit pas dérouter le Lecteur. ///

/Autres Éléments De Ponctuation/

La Ponctuation, Dans Le Texte, Sur Les Ouvrages Les Plus, Récents, Ne Dépend Pas Du Rythme, Uniquement, Ou de La Structure, de La Phrase, Mais Du Flot, De Son, Inspiration, d'Écriture...

Il En Va De Même, Pour La Mise, En Page, Qui Dépend, Également, du Flux, de L'Inspiration, Et De La Vocalisation, Dans ce qu'Elle A de Plus Poétique.

L'Usage, de La Ponctuation, Est Totalement, Inhabituel.

Le Slash, '/', Sert, Également, A Marquer, Le Rythme, de Manière Plus Ou moins, Précise...

L'Ensemble, de La Mise En Page, Et de La Ponctuation, Doit Aider, à La Lecture...

L'Écriture, des Textes, Repose, Sur L'Improvisation, Verbale.
Le Jeu, Sur Les Sens, Et Les Sons, Mis En Scène Par La Mise, En Page, Mettent En Valeur, La Dimension, Verbale, Et Vocale, De Cette Création, Littéraire.
/ / /

7/ Notes de Lecture /

Ce Livre,

comme Les Deux Précédents,

Ont Vu La Ponctuation,

Que Nous Avions Établie,

Pour rendre compte,

De L'Improvisation Verbale,

Et Des Vocalisations,

Possibles,

Bouleversée,

Et Remise, En Question,

Pour *Un Choix plus Simple.*

Nous Avons Remplacé, Tous Les

Signes Choisis, Par Le
Le 'Slash' '/'...

Nos Textes Sont Plus Longs,

Que Nos Textes, *Les Plus Anciens.*

Nous Avons pour cette Raison,

Essayé, De Proposer, La Lecture,

La moins Fastidieuse, Possible.

Le Livre, Est, Nous pensons,

Agréable, à Lire.

Le Précédent, Ouvrage,

L'Oasis Du Réel,

Péchait, Par La Longueur, De Ses

Textes.

Ici, *La Joie, De Vivre,*

Et Le *Partage, De L'Expérience Extrême,*

Se Fait, Avec Sourire, Ou Légèreté,

Pour Une Aventure,
Originale.

Les Lettres Marginales/ *Ou*/ L'Aurore Des Marges & Des Dunes/

Les/ / / Arabes/ Sont/
Des/
Rois/// *En Amour/ / /*

'AKA'

*A/ Deux/ Pas/
De/
L'/Impossible/*

Est L'/Aurore/ Des Marges/

Je/ Succombe/ Entre/
Deux/
Dunes/ / /

'AKA'

1.

Ô/ Toi ma Mère*//*
L'/Arabe/
Volupté/ Du/
Désert*/ / /*

!/ Je Mords/ Un/
Peu/
De/ Dunes///

Avant/ De Succomber
Aux/ Mirages///

/ / /
Au/ Cœur/ De La
Raison/
Dévastée///

/ / /
S'/Envolent/
Quelques/ Pétales//

/
La Rose/ De/ Clarté/
Est/ Un
Réel/// d'Oasis/

'AKA'

2.

Ô/ Toi ma Mère/
L'/Arabe///
Volupté/
Du/
Désert/ / /

///
Péninsule/ De/
Clarté///

/// Fleur Parfumée
De/
L'/Oasis///

/// Du Réel/ De L'/
Art///

De L'/Aurore qui
Rapt/ *Un Cœur*///

///
Grave/ Est la/
Situation/
Du/ Poète/ qui S'/
Implique///

'AKA'

3.

Ô/ Toi ma Mère/
L'/Arabe//
Volupté/
Du/
Désert///

/ / /
Je/ Pèse/ le Poids
Du/ Sable///

/// Je Pèse/ Le
Poids/
Des/ Dunes///

/
Ma Plume/ Est Un
Éloge///

/
De La Grâce/ d'/
Une/
Colombe///

Au/ Cœur/ d'/Une
Oasis///

/
Est Le Parfum/ Du
Réel///

'AKA'

3.

Au Cœur/ Du/
Prestige/
d'/
Être/ Pauvre///

///
Est/ L'/Appel/ des
Dunes///

///

/// Je N'Ai Jamais
Défié/
Le Temps///

Mais Je Serai Mort/
Entre/
Tes/ Bras///

Si Je L'Avais fait/

Entre/ Ton Antre/
Est/
L'/Origine///

/Du/ Monde///

Entre/ Ton/ Temple
/Est/
Le/ Début/ Du Désert
/// /AKA/

4.

Je/ Ne veux/
Pas/
Savoir/

Où / Est Ta Rose

/ / /

Je Ne veux/ Pas/
Savoir/
Où / est L'/
Horizon///

Ni La Prose/ que
J'/Ai Dévoué / / /

A/ La/ Rosée/

/
Ose/ Une/
Pâmoison///

///

Je Te Propose/
Une/
Poésie///

/// J'/Incite/ A/
A La/ Raison/

Du Dernier/ Raisin

Et/ Du/ Pétale/
Hérésiaque///

'AKA'

5.

J'/Ai Prié/ Sur/ Les
Rebords/
Du Vide///

///
X J'/Ai Obtenu/
Le/
Désert///

/
La Courbe/ Du Creux
Des//
Dunes///
Est Une Rivière/
De/
Mirages///

/
Il/ Y A Une Oasis/
Du Réel/
X/ De L'/Arabisme/

///
Je Suis L'Imam/ Du
Raisin/
/// X Celui/
/// Des Arabesques/

'AKA'

6.

De Tes/ Seins//
Coule/
Le Vin/ des/
Sages/
ô/ Toi L'/Oasis/
Du/
Réel///

Je Brûle/ De La
Passion/
d'/Un Fruit/
Mordu/
d'/Être/ Pauvre///

Je/ Suis/
Derviche/ des Allers
Venues/
Entre/// Deux/
Dunes///

Entre/// Deux Dunes
Je Péris///

///
Entre Elles/ Je
Succombe///
///
Étourdi/ Des Mirages

d'/Être Soul/ Du
Réel/// X
De/ L'Isthme///

'AKA'

7.

Le Cœur/ N'/A pas
De/
Couleurs///

/
Je/ Suis/ la/
Limite/
Du/ Cœur///

/
Il Y/ A/ Une
Justice/
En/
Amour/ / /

/// Il Y/ A/ pour
moi/

Une/ Petite/ Fleur
Sombre/ / /

X/ Un Thé/ Ébène//
Au/
Lever/ Du//
Matin/// /AKA/

8.

J'/Ai ma/ Manière
A/ moi/ De
Parler/ L'/Arabe

/ / / Entre/ les/
Colombes/
Les///
Roses///

X/
/// Le Mouvement/
Des/
Dunes///

/
Il Y/ A/ Une/
Chorégraphie/ des
Oiseaux///

Qui/ Dessine///
Une/
Calligraphie///

'AKA'

9.

L'/Amour Est Un
Marginal///

/
Derviche///

Je m'/Étourdi/ De
Quelques/
Herbes/

Tassées// Dans Une
Corne/
d'/Antilope///

En/ Provenance//
d'/Arabie/s///

/
Un Thé Sombre/ A
Portée/
De/ Main///

'AKA'

10.

L'/Amour/ Rend/
Marginal/ X/
Apatride///

Étourdi/

/
Je/ Médite/

Sur/ La/ Douleur/
Issue/ des/ Dalles
De/ L'/Enfer/
Marbré/

Au / Cul / Béant /

/
Quelques Roses/
Empourprées/

Ont/ Mis/ Fin/ Au
Doute/
Du/ Prestige/s///

///
Je Suis/ Derviche

Je Bois Du Vin/

Jusqu'A/ L'/Oubli

Jusqu'A La Tombe/

/// Fleurie///

Encore///

'AKA'

11.

Je Veux/ Goûter
Ta/
Bouche/
De/
Pétales/
Recourbés/ Ô/
Fleur///

///
Je/ Veux/ Le/
Cœur/
De Ta Corolle/
Sans/
Corollaire///

Je Su/ de L'/Un
Du/ Réel///

Que Tu Fus/ Et que
Tu Seras/
Mienne///

/// Ton Parfum/ Ton
Antre///

Sont/ Ceux/ de
L'Exquis/
Souvenir///

Compté/ Par Un/s/ /AKA/

12.

Étourdi/// Je///
Chancelle/
Je/
Boite///

Étourdi/// Je///
Chancelle/
Je/
Danse///

///
La/ Gnôle/ me
Laisse/
Sur Le/ Carreau/

comme/ Les/
Oiseaux///

Je m'/Envole///

Pour Ne/ Revenir

Jamais///

Pour/ me/ Repentir
De/ La/
Sobriété///

'AKA'

13.

Le Savoir/ Ne
Vous//
Sert/ A/
Rien///

/
Il faut Aimer/
X/
Pardonner///

/// Il faut Raisin
/Garder/

IL/ faut/
Mesurer/ La/
Raison / / /

moi/// L'/Imam/
Du/
Raisin///

Face/ A L'/Origine
En/ L'/
Absence/ De//
Cause///

///
Je/ Professe/ Un
Arabisme/s///

Par/ Delà Conflits
///
X/ Opposés/
De Noir X/ Blanc/

'AKA'

14.

Ô/ Toi mon//
Frère///

/// Tu Es/ Un
Astre/
Blanc/ Salué/ par
Les/
Princes/
d'/Arabie///

///
Les//
Partisans/ De La
Lumière/

Se Sont/ Tu/

Face/ A La Noblesse
Des/
Jardins/ Arabes///

Inexistants/
Mais/
Plus Vrais/ qu'/Un
Mirage///

'AKA'

15.

Les/ Princes/ d'/
Arabie///

Se/ Sont/ Tu///

X/

Ont/ Salué/ Un/
Astre/
Blanc///

///

Tu Es/ cet Astre
ô/ Frère///

Tu/ Es/

Le/ Partage/ Face/

A/ La/
Trahison///

Tu/ Es///

Une/ Lune/ Tranchée
/De/ Grâce///

Sois/ En Sûr///

'AKA'

16.

L'/Interdit/ De
L'/
Al Khôl///

Est/ La/ Lumière

/ / /

J'/Ai Choisi/ L'/
Arabisme/s

comme/

Bonne Foi///

/ / / J'/Ai Choisi/ L'/
Arabesque/s

comme/ Ornement/s
De/
Tapis///

J'Ai/ Pour Lieu/ De
Séjour/

Le/ Désert/ X/ Ses
Combes///

'AKA'

17.

Il Fait/ Bon/ Se
Balader/
Dans Les Jardins/
De/
L'Ivresse///

/
L'/Arabie///

Est/ Un/ Vaste/

Pré/ Verdoyant//
Encore///

/// Je Suis Ivre/

De Tant/ De Fleurs/
X/
De/ Rosée/s///

Je/ Suis/ Perdu

Dans Le Désert/ X/
Son/
Ébriété///

Déjà/ Soul///

'AKA'

18.

La Lune/

/// Est//

/// Suprême/

J'/Ai pour Art/
Terrible///

///
Un Bol/ de Thé
Sombre///

X/
Une/ Corne/ De/
Gazelle/

d'/Abondance/ De
/Vertes/
Prairies///

d'/Un Désert///

Étourdi/ De/// Fleurs

'AKA'

19.

Sombre/ De//
Clarté/
d'/Aurore/s///

///
Un/ Prince/ Arabe
Marqué/ Du
Signe/ d'/Une
Colombe///
Sur Le Front///

Tu/ Es///

/// Je/ Suis///

L'/Horizon/ qui N'/
A/
Rien/// Vu/

Elle/ Est///

Une/ Lune/ Tranchée/
d'/Arabesques///

Cette/ Liberté/

/// Farouche///

'AKA'

20.

Les/// Dunes/ des Jardins/

d'/Arabie / / /

Exquises///

Se/ Sont/ Dénudées

En Presqu'/Iles///

Sombres///

De/

Presqu'/

///

Inexistence/s///

S'/Avérant/ Aurores/

X/ Aubes///

'AKA'

21.

/// Je/ Porte/ Le
Keffieh

De/ Ceux/ qui N'/
Ont///
Plus Rien///

Apprécie/ La///

Fraternité///

De/ Ceux/ qui Ont
Été/
Trahis///

Un Pays/ N'/Est plus

Je Meure/ Une Rose

A/ la Main///

///

Je Songe/ Aux/ Vertus
d'/
Être/ Une Île///

'AKA'

22.

L'/Âme/ Possède/
L'/
Exactitude/ Du
Langage///

///
La/ Perception/
Du/
Monde/// Ne/ s'/
Est/
Jamais/// Révélée//

Je Bois/ Un Thé/

Sombre///

/// J'/Estime/ Le
Parfum/

d'/Une Fleur///

J'/Éprouve/ Le creux
Velouté/ des
Dunes///

Seul/ dans Le Désert

J'/Écris/ Une Poésie.

'AKA'

23.

Ô/ Sages///

///
Le Réel/ Est Sage/

///

X/ Témoigne/ que
Les/
Princes/ Sont/
Voilés////

///
Les Princes/ Sont
Voilés/
De L'/Étoffe/ d'/
Un/
Turban///

Au Ban/// De La//
Société/

J'/Ai Pris/ Parti/

Pour L'/Exil///

De L'Oasis/ Du Réel/

X/ Du/ Réconfort/
Des/
Dunes///

'AKA'

24.

Le Bol/ Est Plein

///
L'/Ivresse/ Est

/// Pure///

///

Le Goût/ Est De//
Raisin///

///

Le Parfum/ Est De
Rosace/s//

X/ De/ Fleurs///

'AKA'

25.

L'/Âme/// Est/
Source/
De/
Culture///

///
/La Poésie/ Est/
Un/
Salut/ Pour/

L'Âme///

/ / /
J'/Estime/ La Fleur/
Cassis///

/
Je Croque/ Le

Tendre/ Parfum/

/// J'/Écris/

Une Poésie///

/// Que Je Signe/ Du
Nom///

d'/AKA/

26.

La Poésie/ Est/
Grave//

///
/// La Danse/ Est

Gauche///

///

L'Audace/ Est L'/

Art/

Du/ Pleinement/

Traître///

///
J'/Estime/ La Fleur/
Cassis///

/
Je Croque/ Le

Tendre/ Parfum/

/// J'/Ecris/

Une Poésie///

/// Que Je Signe/ Du Nom///

d'/AKA/

'AKA'

27.

/// Je Suis/ Ton
Fils/
ô/ Mère/ De L'/
Art///

///

Je Suis/ Ton/
Fils/

Ô/ Mère/ des
Arabes///

///

Sous Le Jujubier
/ / /
Je Médite/ d'/
Un/
Vin/ / Exquis/ / /

Étourdi/ Des/
Tourments/

Du/ Désert///

Abrupte/ En Poésie
Pure/
X/ Improvisée///

'AKA'

28.

/// Je Suis/ Ton
Fils/
ô/ Mère/ De L'/
Art///

///

Je Suis/ Ton/
Fils/

Ô/ Mère/ des
Arabes///

///

Chevalier/ Des

Rimes///

Et De/ la Poésie/

///
Père/ De L'Ivresse
Des/
Gazelles///

Les/ Plus Farouches

Je Vis/

A L'Ombre/ Du
Jujubier///

/// A L'/Ombre/ Des
Dunes///

A L'/Ombre/ Des/
Caresses///

'AKA'

29.

/// Je Suis/ Ton
Fils/
ô/ Mère/ De L'/
Art///

///

Je Suis/ Ton/
Fils/

Ô/ Mère/ des
Arabes///

///

Le/ Propos/ Est/

L'/Extase///

/// Je/

Suis/ Hors/ Sujet/

Je Suis/ Derviche

///
Étourdi/

De Fleurs///

Promptes/ X/ Prudes/ /AKA/

30.

J'/Aime Les

Fleurs/

Par/ Soucis/

De Liberté///

J'/Abrège/ L'/

Inconscience///

Et/ Opte/ pour

L'/

Évasion///

Je Brûle/ D'/Un

Rien///

D'/Étreinte///

Je Consume/ ma/

/// Peur///

'AKA'

31.

Désormais/ Tu

Marches/

Parmi Les Sages/

///
Les/

Mésanges/

T'/Apportent/

Tes Brins/ De

Fleurs/

///
/// Des Soupçons//
De/
Pétales///

Des Chorégraphies/
d'/
Essences/

De Parfums///

De Nues/

De Senteurs/

X/ d'/Enivrements

'AKA'

32.

Mieux/ Vaut Le/

/// Parfum d'/

Une/
Fleur///

/// Que De Se

Prendre/ Pour Un

Ange///

///

Mieux/ vaut Le///
Message

De/// L'Art

Que L'/Oubli

De La Poésie/

///Je Suis/ Exquis/

D'/Enivrement///

De/ Parfums///

///

De Tes/ Courbes/

Étourdi/

d'/Étreintes/

Ô/ Fleur///

De/// Tes Courbes/
Étourdi/

d'/Étreintes/

Être/// Je Veux///

Encore///

'AKA'

33.

L'/Abus/ Est/

Toujours Un Mal///

///

Tu Es/ ma/ Limite

Ô/ Fleur///

/// Je/ Demande///

Pardon///
///

Pour/ Les/ Bravades
/// Oubliées///

Je/ me///

Remémore///

Des/ Parfums/// D'/

Extases///

Je/// Danse/ Encore

X/ Succombe

Sur/ Un// Lit /de

Pétales///

'AKA'

34.

Le/ Monde/ Est//

Sauvage///

///

Nul/ Ne Peut/

Survivre///

Sans/ Fleurs///

J'/

Aspire///

A/ Être///

Un/ Peu/ Plus

Poète///

Je// Médite///

Sur/ Les Bienfaits

Des/ Senteurs///

Je/ Suis/ Enivré/

d'Exquises///

/// Je Te Dois/ des

Excuses///

'AKA'

35.

Tu/ Es/

Béni/ Parmi/ Les

Sages///

///

Tu Danses///

Au/ Rythme/ Du

Tombak///

/// Je Vis///

/// De/ L'/

Enivrement/ Des

Fleurs///

La Flore/ Encore///

Fait Pousser///

A//

Mon/ Cœur/ des

Ailes/// /AKA/

36.

Les Autres///

///
/// Sont des Gens
Dangereux

En/

Amour/s///

///
Ils/ Naviguent///

Entre/ Les

Flots/ X/ Les

Vagues/ Impétueux/

///
Je Ris/ De me Voir/

Transi///

Allongé/ Sur

La Natte///

Je/ Suis///

Vaincu///

Au/ Seuil/ des

Derviches///

'AKA'

37.

Ta/ Fleur/ s'/

Est/
Ouverte///

///

Ta/ Fleur/ s'/

Est/
Ouverte///

Encore///

/// En Corolles/
d'/
Impression/s//

Je/ Perçois/

Une Ode/ Chevaleresque

/// De Derviches/

Qui Défendent/

Une/
Rosacée/ d'/Aurore/s

'AKA'

38.

Ô/ Fleur/ De///

Rosée/s/

Douce/s///

A/ qui/ T'/Offres

Tu///???

Ô/ Fleur/

De Caresses/ d'/

Effluves///

Je/ Suis/ Conquis/

///

Je Doute/ Un Peu

Du/ Mieux///

d'/Être Ivre///

///

Je Savoure/ Le Pire

D'/Extase/s//

d'/Un Thé/ Sombre

En/ Parfum/s///

'AKA'

39.

Quand/ Je me/ Perds
En/
Parfum/s/

J'/Ai De La/
Crainte/
Dans/ mon/ Cœur

Ô/ Fleur///

Prestiges/ X/

Rien/

Sont/ Identiques/

Le/
Papillon/ Pique//

///
Le Miel/// Est/

Doux///

Je Suis/ En Arabie

/// Au Yémen///

///
Étourdi/ d'/Encens

Ivre/ De Jardins///

'AKA'

40.

Le/ Lait/ Est

ce/ Qu'/Il me Faut

///

Le Lait/// X/

Quelques/ Fleurs/

Brèves///

/// Écloses/ /d'/

Instant/ En Instant/

Fraîches/ Encore/
d'/
Être/ Prudes///

/// Juste Un Peu/

De/ Miel///

///
Pour Donner Le/
Tournis///

Juste/ Un Peu/ De

Rêveries///

Pour/ Songer/ A

Autre Chose///

'AKA'

41.

Chacun/ A Sa/ Fleur

///
Chacun// A Son//
Excuse///

Voici/ la brise/

Qui Caresse/ X/

Étourdit///
/
J'/Ai Un Peu/ de
Miel///

Pour/ Les Jours/

d'/Automne/ Rouge/s/

J'/Ai des Saveurs/

d'/Aquarelle///

/// Pour Les
Rêveries/
d'/Oiseaux/ X/
d'/Oiselles/// Osé/e/s.

'AKA'

42.

Le Lait// Est
La/
Fleur/ Du/ Vin///

De/
Pétales/ Exquises
Encore///

A/
Surface/ De Fleurs/

Des Parfums/

Qui/
m'/Étourdissent/

///
De Grains/ De Beauté

/// X/ De
Papillons/ Blancs/

Auréolant/ Une//
Nuit/
d'/Aurores///

Je/ Suis/ Ravi///

'AKA'

43.

Dans/ Un/ Pur/
Style/
Arabe/ d'/
Arabesques//
Florales///

J'/Enivre/ mes//
Versets/

/// De Douceur/
De/
Vivre///

d'Excès/ De Piété/
Poétique///

Dans Les Limites/
Du/
Tapis///

/// Je Prononce/

La/ Prière/ Du

Pauvre///

L'/Hommage/ A La
Liberté/
Des/
Colombes///

X A Celle/ des//
Gazelles/
Farouches///

Qui/ Dansent///

X/ Parfument/ Les
Dunes//
En Presqu'/Îles//

'AKA'

44.

Ta/ Vertu///
Promise/

Voit/ s'/Étourdir

Mon/// Cœur/

///
Le Cœur/ brisé

Je Vois/ des

Colombes///
s'/
Envoler///

Je/ Suis Perdu

d'/Audaces/ X/ de
Souvenir/s///

Attends/ Un Soir/

/// Le Retour/

Des Aurores/

/// Imprévues///

'AKA'

45.

Ô/ ma/ Mère//
L'/Arabe/
Volupté/ Du/
Désert///

/// Je Vis/ Je
Brave/
Je/
Meure///

Le Défi/ d'/Être
Tant/
Ivre///

Je/ Suis/ Seul/
Dans/
Le Désert///

Une Oasis/ m'/
Appelle/
En/
Presqu'Île///

Sous Le Jujubier///

Les/ Colombes/
Me/
Chantent/ Les Yeux
De/ Khôl/
Sertis///

///
/// Farouches///
Toujours///

'AKA'

46.

Donne/ moi/ A//
Manger/

Colombe///

///
Donne/ moi/ A/
Manger/
De/
La/ Pulpe/ De
Grenade/s///

/// De Celle/ que
Tu/
Picores///

Étourdie/ D'/
Essence/s/// X/ De Bon
Sens/

Je m'/En Irai/ Bien

Partager quelques/

Grains/

Avec Toi/

Avec/ Ta Volupté///

En/ Fleurs///

En/ Parfums/ De

Considération/s///

'AKA'

47.

J'/Ai La/ Fleur qu'/Il

Faut///

Pour/// Te

Procurer/ De L'/ Ivresse/

///

Le/ Néant/ Promis

Inspire/

Le Respect///

Des Exilés/ X/

Apatrides///

/// je Suis/

Un/ Fervent/

Défenseur/// des

Oiseaux/

Les Plus Libres/.

///
Il Savent/ Où/ Une

Branche/ Fleurit///

Pour/ Abriter/ Un/

/// Original///

'AKA'

48.

J'/Ai Marché/ Parmi

Les/ Derviches//

///
J'/Ai// Bu Du
Vin/

Parmi/ Les Braves/

///

Laisse/ moi/ Sourire
Au/ Coin
De/ La Rue///

J'/Aspire/ A Un

Autre Monde///

Déjà/ Ici Bas///

Conquis///

'AKA'

49.

Chacun/ A Son//
Jardin/
Secret///

///
Le/ mien/ Est///
Joli/
En/ Fleurs///

///
Je/ Lui/ Accorde/
Un/
Peu/ De Temps/

///
Je/ Joue Des//
Cordes/
De La Pensée///

Évanouies/ dans le//
Néant/
Du/
Cœur Étourdi/

De/// Sens/// d'/

Essences/ X/

Parfums/// Particuliers

En/
Volutes/ Fleuries/.

'AKA'

50.

Mon/ Plus Beau//
Secret/
Est/
Le Parfum/ d'/
Une/
Fleur///

///
Mon/ Plus Beau/
Désir/
Est/ d'/Être/
Seul/ En/ Presqu'Île

Il/ Y A/ Des

Jardins/ Jolis/

En/// Arabie///

///

Il/ Y/ A/ Un/

Parfum/ d'/Oasis///

Plus Réel/ que/

d'/Autre/s///

/// /AKA/

51.

Le /mieux/ X/ Le/
Meilleur/
N'/
Existent/ pas///

///

Je Suis/ A L'/
Aise/
Dans/ Un/
Horizon/ Asiatique/

///

Les Désidératas/

N'/Auront/ Raison/
De/
La/ Fleur/

Des/ Déshérités///

Qui Pousse/ Sur Un

Sol Dur///

Aspirant/ Aux/ Jardins
Du//
Néant///

'AKA'

52.

Ô/ Arabie/

Du/ Désert/ X/ des
Dunes/
De/
Jardins/ Fleuris/

Tu/ Es/ Une

Mère/ Pour moi/

/// Tu/ Es/

L'/Eau qui Coule//
Dans/
Mes Veines///

/// Tu Rafraîchis/

Mon/ Cœur/

Que Tu Libères///

Des Soucis///

De Ne Pas Connaître/

La Solitude///

/
Le Sol/ Imprévu///

De La/ Déshéritance/

A Pour/ Trésor/

Les Innombrables/ Grains/
De/ Sable/s///

Du Temps/ Qui Passe/ X
Ne Revient/
Plus///

'AKA'

53.

Ô/ Toi/ L'/Arabie

Ma/ Mère///

///

Ô/ Toi// Mère/ des Voyageurs///

///

L'/Amertume/ Est/ Au Cœur/
De/ L'/Oubli///

///
Une Fleur/ Y Naquit/
d'/
Aurore/s///

///
Je/ Suis/ Exquis/ d'/
Être/
Libre///

///
Étourdi/ d'Oasis///

Éprouvé/ Par// Les

Dunes///

Abîmé/ Dans Des Mirages
Sans// Fins///

'AKA'

54.

Je/ me/ Suis//
Perdu///

Au Milieu/ des

Dunes///

///

Depuis/ Je m'/Y/
Implique/

/// En Tant/ que//
Poète///

///
Ceux/ qui M'/Ont Vu/

Ont/ Dit/:

Il A/ Trop/ Bu

L'/Eau/ Des// Mirages

///
Ceux qui/ M'/Ont Vu

En/ Ont/ Déduit//

Qu'/Il A/

Épousé/ Le//

Désert///

'AKA'

55.

J'/Ai Bu/ du Vin

Avec/ des Frères
d'/
Autres Couleurs/

///

J'/Ai Vu La/ Fleur

De La/ Fraternité

Mourir/ Un Petit/

Peu///

/ / / J'/Ai/ Prié/ Avec/
Mon/
Frère/

Sur/ Son/ Invitation

Dans La Rue///

///
La Souffrance/ des

Marges/ s'/
Est/ Mise/ A/ Fleurir

En/ Jardins/ des plus
Beaux///

'AKA'

56.

Ô/ Toi/ ma Mère/
L'/Arabe/
Volupté/ Du
Désert///

/ / / Tu m'/A mis
Au/
Monde///

///
Tu As/ fait/ de moi
Un/ Derviche///

///
Je/ Suis/ Ivre/
De/
Corolles/ En
Impressions///

/// Je Suis/ Soul
De/
L'/Eau/ Pourpre/
Des/ Dignes/
Oasis/
Trop/ Réelles///

Berce/ moi/ Encore/
Un/ Peu/.//

'AKA'

57.

Par/ Les Lettres//
Marginales///

Par/ *Les Lattes*
/
Du /
Désert/ / /

///
J'/Enfume/ Le
Temps/

Des Volutes/ De
L'/
Aurore/s///

/// J'/Enflore/ La
Lune/

De/ Majesté/e/s/

Éprouvé/e/s/

///
Que/ Reste/ T /Il/

Des/
Souvenirs/ De L'/Une
X/ De/
L'/Autre / / / ???

La/ Vastitude///

Du Désert/ X/ de L'/

Ultra/ Solitude///

'AKA'

58.

Ô/ J'/Aime Boire
Un/ Verre/
De/
Vin///

/// m'/Asseoir/ Sur
Un/ Canapé///

///
Feuilleter/ Les
Quelques/
Lettres///

///
Ornant/ De/
Calligraphie/s///

///
*Les/ Recueils/ De
Poésie/s///*

///
Des Anciens/ Poètes/

'AKA'

59.

Une// Colombe/

Hostile/ X/

Fardée///

///
Se Met/ A Tourner/

Autour/ De

Ma/ Tête///

///
Une Colombe/ Aux

Styles/ X d'/ Art/s

Frais///

///
Se Transforme/

En/ Poésie/s///

///
Je/ Suis/

Étourdi/ d'/

Inspiration/s//

///

Telle/ La/ Lune

Elle/ Voyage/

Autour/ De moi///

///
Je Suis Conquis/
De/

Révolution/s//

///
De/
La/ Beauté///

Inconquise///

X/ Parée/ De L'Art

'AKA'

60.

Ô/ Toi/

Gazelle///

/// Tu/ Es/

Le Père/

Du/ Courage///

///
La Mère/ De La/
Plus/
Libre// des Dunes

///

L'/Amante/

Du Réel/

De// L'/Oasis/
///
Je/ Suis/ Perdu

De/ Te/ Voir/

Sur Le Qui Vive/

'AKA'

61.

La/ Plus Belle
Rose/
Est//
Arabe///

///

Pourtant/

*Elle/ Ne Fut//
Jamais/
Cueillie///*

///
En Effleurant/
Ses/
Épines///

/// J'/Ai/
Compris/ *La//
Douleur/
d'/Aimer///*

'AKA'

62.

La/ Plus Belle
/Rose/
Est/
Arabe///

*/ / /
X/
Maintenant/*

Je/ Suis/ Seul.

///
La Plus Belle//
Fleur/

Est/ Sertie/
En/
Arabesques///

d'/Entrelacements/
De/
Pétales///

///
/// Exhalant/ Un/
Parfum/s///

d'/Audace/s/ X/ De/
Volupté/s///

'AKA'

63.

Ô/ Lune//
Tranchée///

///

Fleur/ De/ L'/
Aurore/
Musquée/// En
Parfum/s///

///

La Plus/ belle/
Rose/
Est/ Arabe/ X/
Je/
Le/ Sais///

///

*L'/Au/ Delà/ de
La/
Corolle/ Est/
Un/
Néant///
d'/Arabesques/
/Serti///*

'AKA'

64.

Je/ Suis/ Un
Homme/ *A/
Fleurs/ / /*

/
J'/Ai/ Épousé/
Ma/ Honte/

/
*J'/Ai/ Épousé/
Ma/ Pauvreté/ / /*

/
Je/ Danse/ Entre/
Les/ Dunes///

'AKA'

65.

Il/ Y/ a Une
Origine/
Pour Ceux qui
N'En Ont pas/ /

/
Il/ Y a Une/
Dignité/
Pour Ceux qui
N'En Ont Plus/

/
Le/ Néant/ Est
Élevé/
Comme La Lune/
A Son/
Summum/ / /

/
Le/ Derviche/
Est/
Empourpré/ d'/
Avoir/ Bu du Vin/

'AKA'

66.

IL/ N'/Est pas/
Donné/
A/
Tout Le/ Monde
De/ Parler/
/*Arabe*/ / /

/ / /

Il/ N'/Est pas
Donné/
A Tout Le Monde
De/
Tutoyer/ Les
Oiseaux/ / /

/ / /

Je Dialogue/ Avec
Sphères/
X/
Horizons///

///

J'/Entrevois/
Mondes/
X/
Prières/ En
me/
Taisant/// /AKA/

67.

La/ Vertu/ que
L'/On/
Nomme///
Corolle/ Unique.

///

La Grâce/ De//
Croire/
X/
d'/Avoir/ La/
Foi///

///

Je Ne Sais/
Comment Te Le
Dire/
Mais Je Les/ Ai
Vu/
Un///

///

Je Ne Sais/
Comment/ Te Le
Dire/

Le Réel/ Est
Néant///
/// /AKA/

68.

Je/ Ne Sais//
Pas///

/ / /
d'/Une Culture/

A/
Une// Autre///

/// Il Y/ A Un/
Trait/

De/ Distance///

///
IL Y A/ Un
/Sens/
d'/Être/ Seul///

///
Ce que J'/Ai Cru
Connaître/

N'/Est qu'/Un
Vent/
Qui/ Passe///

///
Ce que J'/Ai Cru/
Savoir///

Est L'/Ivoire/
Des/
Lendemains///

'AKA'

69.

En/ Termes/ d'/
Amour///

Ma// Pratique/
Est/
La/ Prière///

///

En/ Termes/ d'/
A/ Mauresques/

Mon/ Optique/

*Est/
Un Jardin/ De
Fleurs/ / /*

///

Mon/ Tapis/
Est/
Serti/ d'/
Arabesques///

Corollées///

///
Elles/ Sont/
Pétries/
X/
Replètes/
De/ Parfum/s/
Les/ Doux/
Limbes/
Tel/ L'/Al Khôl/

'AKA'

70.

A/ La/ Limite/

Du/
Supportable///

///
Il/ Y/ A/
Une/
Fleur/

Qui Pousse/ d'/

Amour/

Bien/ Senti///

///
Bien Serti/

De/ Rosée/s///
Aux/
Corolles/
Entrelacées///

///
Inconquis/

De/ Baisers/
Prudes///

'AKA'

71.

Tu Ne/
Connais/ Pas
Ma/
Sincérité/

Pour Dire/
/ / /
Que Je Suis/ Un
Menteur///

///
L'Âpre/ Velouté/
De/ La/
Vie/
A Fait de moi/
Un Cardeur/

///
/// De La Laine/
Incomprise///

///
Assis/ Sur Un/
Banc///

Je Médite/ X/
Contemple////

///
L'/Aurore/ des Marges
X/ Son/// Lever/ /AKA/

72.

Je/ Suis/ Né
De/
L'/Humus/ Bon des

Déshérités/

X/ J'/Y//
Retournerai///

///
Sois/ Ma/ Fleur

Ô/

Opprobre///!

///
/// La/ Beauté/
De/
L'/Un///
Est/
Le/ Réel/ de L'/Art
X/ Poésie///

///
Je Suis/ Pauvre//
d'/Aimer/

//// Des Pétales/ A//
Demi/// Temps/// /AKA/

73.

/// Seul/ L'/
Art/
Existe///

///
Sois/ ma/ Fleur/

Ô/ Opprobre///

///
Je Suis Banni///

///
Je Suis/ Honni/

d'/Amour/

X/ De/ Désordre/

///
Il/ Y/ A/

Une/ Ordalie///

De L'/Exquise/

Corolle/.

Nuitamment///

'AKA'

74.

Il/ N'/Y A pas/
Un/
Noir/ qui Soit
Supérieur/
A/
Un/ Autre///

///

Je Suis La Fleur
Que/
Tu N'/A pas//
Connue///

/
Une/ Presqu'/Île

me/ Dit/

Que/ Timide/

N'Est Point/ Gêné/

Aux/ Entournures//

Une/ Hostile/

Méandre/ De Nuit/

Que/ La/ Prière/ Est
Une/ Clarté/// /AKA/

75.

J'/Ai// pour Beauté
De/ L'/
Amitié///

/// Une/
Fleur// De/
Solitude///

///
J'/Ai pour/
Corolle/ Du/ Pauvre/

L'/Art/ Doux/ X/
La/
Poésie///

/// J'/Ai/ pour/
Parfum/
De/
Traîtrise/ X/ d'/
Audaces///
/
Le/// Pétale/ d'/
Être/
Libre///

///
J'/Ai pour Fleur De Sincérité/

Un/ Hommage/ Aux Colombes
///

'AKA'

76.

Quand/ Tout/ Est Perdu///

///

Que/ L'/Opprobre/

Redoute/ L'/

Instant///

///

Un Rien/ Disparaît

///
Un/ Pétale// Fait Fleurir///

Il/ Reste/ la Rose/

Aux/ Abords/ Du Néant/

Il/ Reste/ la Rose/

Qui Fait/ Frémir/

'AKA'

77.

Je/ Suis/ Ivre
/
De/// Fleurs///

///
Je Suis/ Ivre/
/
d'/Une Fleur/

/ Unique///

///
Je/ danse///

Érotique

De/ Volupté/

Sacrée///

///
Je Rend/ à L'/Imprévu

Sa/ Science/ De/
Faire/
Fleurir/ Un Cœur/

'AKA'

78.

La Fleur/ De//
Sincérité/

Est// De Rendre
/Hommage/
Aux// Colombes/

///
Avant L'/Impasse
Fleurie/
De/
La/ Mort///

///
Je Ne Su/ que
Douter//

///
Je/ Ne Su/ que
Goûter///

///
Au/ Dernier/ Effort
Qui/
Rend/// Une/
Âme// Libre///

///
Qui/ Rend/ Une Âme/
Véridique///

///
De La Beauté/ d'/
Être/
Absout///

'AKA'

79.

As/ Tu/ Trouvé
La/
Voie///???

///
Entre/ le Pari/
Des/
Fleurs/ Risquées/

///
X/ Les//
Circumambulations
Imprévues///

///

Je Suis Celui/ qui
s'/Est Dit/

Imam///

///
Après Un Verre/ De
Vin///

///
A/ L'/Aurore/ De L'/
Éclipse/ Du
Temps///

///
Il/ Y/ A Un Refuge/
Incompris///

///

Une// Oasis///

'AKA'

80.

Fils/ de L'/Oasis

///

Rejeton/ Du Réel///
/

/// Imam/ Des/
Malappris///

///
Gazelle/ De L'/Azur

Dansant///

///
Pourpre///

///
Dénudé/ par Le Vin

///
Abasourdi/ *Par L'/*
Al Khôl / / /

/ / /
De Tes/ Pétales/ Je
m'/Endormis/
ô/ Rose
/Incandescente/

Et Drôlement/
Ébène///

'AKA'

81.

J'/Étais Seul//
Égaré/
Dans/ la/ Honte/

///
Ô/ Toi L'/Oasis
Du/
Réel///

L'/Arabe/
Miséricorde///

Par/ La Beauté/

d'/Une Fleur/ Rare
En/
Creux/ Des//
Dunes///

///
Tu/ m'/A Sauvé/

Du/ Précipice///

d'/Une Vie/

Sans/ Poésie///

d'/Un Pas/ Je Vais/

Vers/ Le/
Dévouement///

'AKA'

82.

ô/ Derviche//

/
Tu/ Es/
Prince// Parce
Que/
Tu/ Es/
Pauvre///

/
Tu Es/ Caresse/
Parce/
Que/ Tu/ Es/
Brise/s//

/
Tu Es/ Pétale/
Parce/
Que/ Tu/ Es/
Fleur/
De/ L'/Oubli//

'AKA'

83.

En/ Embrassant/
L'/Amour//
Sacré///

/
Sur/ Le/
Chemin/ des
Corolles/ Sans/
Retour//

/
Que/ Puis/ Je/
Faire/
Sinon/ Danser/
En/ Derviche//

/
Le Cercle/ de
La Coupe/
De/ Liqueur/
A/ Empourpré/
Mon/ Âme//

'AKA'

84.

Je/ Suis/ RéZA/

/
Je// Suis/ L'/
Apôtre/
Du/ Raisin/ / /

/
Je/ Suis/
L'/Imam/ qui/ Se/
Tient/ A/
L'/Horizon///

/
J'/Ai/ L'/
Oraison/ des/
Rosacées/
Entre/ Les/ Mains/

'AKA'

85.

Certes/ L'/
Al/ Khôl// Est/

Interdit///

/
*Certes/ L'/Aube
Est/
Une/ Corolle/
De/ Rose///*

/
Certes/ Je/ Suis
Derviche///

/
Certes/ Je/ Bois
Quand/ Même///

'AKA'

86.

Je/ Suis/ Une
Rose/
En/ Iran///

/
J'/Ai/ Vu/ mon
Soi/
Supérieur/ X
Je Suis /
Devenu / Un /
Derviche / / /

/
La Tige/ de La
Corolle/
Est/ Le Prestige/
De/ La/ Limite///

/
La/ Pauvreté/
Est/
L'/Épouse/ de
L'/Enturbanné/ de
Fleurs///

'AKA'

87.

Ô/ Toi/ ma Mère

L'/Arabe/
Courroux/ qui/
Défend/
Son// Fils/ / /

///
Qui/ Le Porte/
Aux/
Nues///

Qui/ L'/Abreuve De
L'/Eau De L'/Oasis/

///

Je/ Suis Perdu/
Dans/ Le
Désert/ / /

/ / /
Où/ Es/ Tu ma//
Mère///???

Où/ Es/ Tu///???

'AKA'

88.

Ô/ Toi ma/ Mère

L'/Arabe//
Colère/

Des/ Raisins/

De/ La Passion/

///

J'/Ai Bu Le Vin/
De/
Tes/ Lèvres///

///

Je/ me// Suis/
Blotti/
A/
Tes/ Seins///

///

Je Suis Përdu/
Éperdu/
Entre/ Deux/ Dunes

///

Je Ne Retrouve/
Plus/
Mon/ Chemin///

'AKA'

89.

Ô/ Toi ma/ Mère

L'/Arabe//

Dévotion///

De mes/ Peines///

///

J'/Ai/ Épousé/

Ta/ Miséricorde///

///

Je Suis/ Apeuré/

De/ mes/ fautes/ X
Mes/
Erreurs///

///

J'/Ai/ Renié/ mes//
Torts/

X/ Humblement/

J'/Ai Avoué/ ma/
Honte//

Au/x/ Sable/s/ Du
Désert/s//

/// Je/ Suis/ Nu d'/
Amour/
Incompris///

'AKA'

90.

Ô/ Toi ma/ Mère

L'/Arabe/

Liberté///
Brisant/ Ses/
Chaînes
///

/ / /

Je Suis/ Perdu//
Entre/
Deux/ Dunes///

///
Mes Mains/ Ont Vu
Les/ Temps//

///
s'/Evanouir / / /
/// Tel Le Sable/
A /
Perte / De Vue///

///
Je Suis/ Pétri/
d'/
Iconoclasme///

Étourdi/ d'/Une/
Colombe/
Farouche///

'AKA'

91.

Ô/ Toi/ ma Mère/

L'/Arabe//

Défiance/ Face/ A
Ses/
Ennemis///

///

Tu/ Es// Un
Amour///

///
Je// Suis/ d'/
Arabesques/
Fleuri/

/ / / Sur Un Tapis

Je Prie/

Encore/

Ta/ Miséricorde/

'AKA'

92.

J'/Ai/ Perdu/

Mon Pays/

Mon/ Honneur/

L'/Origine///

X/
Maintenant///

Je Ne me/ Suis
Plus/
/ / /

*Qu'/As/ Tu A
m'/Appeler/*

Ô/ Désert / / /

/// Quelle Sentence
/// Réserves/ Tu
/// De
Quelle/ Opprobre/

Recouvreras/ Tu/

Mon/ Corps/ Sans/
Linceul/ / /
*??? /*AKA/

Nous Sommes/ Tous

Orphelin/

De/ Quelque/
Chose///

*/ / /
ô/ Toi/ Le Temps*

Sois/ Ma Terre/

///
Ô/ Toi/ Le Temps

Le/ Zéro///

*/ / /
L'/Infini/ N'/Est
Plus/ / /*

Je/ Suis/

Pauvre/ Face A ma
Nature///

d'/Être// Un///

d'/Être/ En Vie/

'AKA'

94.

/Ô/

/// Je Suis///

///
Enveloppé/ d'/
Amour/

Par Une Colombe

*/ / / Dans Ses/
Ailes/ / /*

Je Suis/

Blotti / / /

d'/Un Air///

Farouche///

Elle/ Exquise/ / /

Donne/ Un Nom/

*A/ ma/
Perdition / / /*

'AKA'

95.

La/ Plus/ Farouche

Des/
Colombes/

///
m'/A Montré/

Son/
Amour///

/
Très/ Ivre///

Je *Chancelle/ / /*

Sur Une des Deux
Jambes///

Très Libre///

J'Epouse/ Une Once
d'/
Oasis/ X/ Dunes///

'AKA'

96.

Ô/ Toi ma/ Mère

L'/Arabe//
Dévoilement//

De mes/ Peines/ / /

Je/ Suis L'/AKA

Car/ Ancêtre//

Qui/

Défend/// L'/Oasis
X/
Les/
Dunes///
De/ La Pauvreté/

Sois La Maîtresse/
De/
Mon Errance///

La/ Douleur/ qui
Me/ Lance/
Est/ L'/Au Delà de/
L'/Indicible///

'AKA'

97.

Ô/ Toi ma/ Mère

L'/Arabe//

Douleur/ d'/
Aimer///

///
Toi/ La Chair/ qui
A/ ma/
Chair///
Donna/ La Vie/

///
Je Suis/ Perdu/
Dans/
Le/ Cœur/ Du/
Désert///

/// L'/Oasis/ Est
Réelle///

Je Vis/ Par/ Ton/
Amour///

'AKA'

98.

C'/Est La/ Poésie
Qui/
Permet/ De
Vaincre/

La Peur/ En Brisant
L'Impasse/
De/
La/ Mort///

C'/Est La Poésie/

Qui Vient/ A/
Bout/
Du Mensonge/

X/ Tranche//

La Mauvaise/ Foi/
De/
L'/Origine/ Du//
Martyr///

Face/ à L'/Impasse

Je/ Suis// Ivre
/De
Liberté///

comme/ Une Colombe
///

Trop/ Farouche/
Pour/
Aimer/ Une Cage//

'AKA'

99.

Face/ A/ L'/
Impasse/

Fleurie/ De La
Mort/

Je/ Ne/ Suis

Rien///

///
/// Je Prend Le/
Parti/
De m'/Arracher/
Le/
Cœur///
///
X/ Trouve/ Du/
Courage///

///
Entre/ La Figure/
Du/
Traître/ X/ celle/
Du/ Héros///
///
*Je Cherche/ mon
Ombre///*

///
J'/Entrevois/ Une
Lumière//
Sans Éclat/ X/

Trace/ Une Corolle

Par/ La Poésie/

'AKA'

100.

J'/Ai Marché//
Droit/
Toute ma/ Vie/
Pour/
Récolter/ des
Orties/ X
des Ronces///

///
Entre Deux/
Pièges/
d'/Épines/
Ciselés///

/
*J'/Ai La/
Liberté/ De
Fleurir/*

*/// De Boire Un
Verre/
De/ Vin///*

*Ou/ De Mourir/
comme/
Un/ Bouton De/
Rose///*

'AKA'

101.

Je Ne/ Sais/ pas

Si/ Tu m'/As
Aimé/
Ou/ Pas/ / /

///

Je Sais// ce que
Je/ Sais/

/// Je/ Sais/
ce Que/ je Ne//
Sais/
Pas///

///
Ce que Je Ne
Sais/
Pas
///

Est Tout ce Que/
Je/ Sais///

///
Ce que Je Sais/
C'/Est/
Que Je Ne Sais//
Rien///

///
Ce/ qui N'/Existe/
Pas///
Est/
La/ Voie Des Sages/

'AKA'

102.

Le// Langage/
Ne/ Trompe/
Personne
///

///
Pas Même/ Une
Poésie///

/ / /

*Ou Un/ Poème/
Perdu/ / /*

/ / /

L'/As Tu/ Vu//

La/ Libellule/
???

Le/ Papillon//
Enivré///

///

La/ Princesse/
Des/
Cédilles///

La/ Lune/ Tranchée/

'AKA'

103.

L'Interdit/ Est/
Ma/
Fleur///

///

*La Fleur/ De Ta
Peau//
Est/ Mon/
Interdit///*

///

Étourdi/
/// De
Son/ Parfum///
X/ De
Son/ Écorce/
Douce///

///

Je m'/Enivre De
Deux/
Trois/ De Ses/
Pétales/
/// Un A Un///

'AKA'

104.

Le Vin/ Est
Un/
Accès// Au Réel

/ / /
Pas Son / Terme /

/ / /

Le/ Vin/
De La Coupe//

A Son Grain/
De/
Beauté///

///

Le Grain/ De Ta
Joue///

Est L'/Envol/
d'/Un
Papillon///

'AKA'

105.

Mon/ Frère/ m'/
A/ Fait
Prononcer///

Quelques/ Mots
Brefs/
X/
Précis///

Entre Une Éclipse
De/ Soleil/
X/
Une Tempête/
Terrible///

///

Je/ Sais/ ce que
Veux/ Dire///

qu'/Un Frère/ m'/
Appelle Mon Frère/

Je/ Sais/ ce qu'/
Un/ Jour/ Sombre///

Dit/ A Une Nuit/
De/ Lumière///
d'/Ombre///.

'AKA'

182

106.

Je/ Préfère/

Ta/ Chevelure
Soyeuse//

Très/ Noire///

A/ Tes/

Charmes///

///

Je me/ Suis/
Laissé/
Étourdir/ Par
Son/
Parfum/s///

///
Tes/ Boucles/
m'/Entraînent/
En/
Syncopes///
X/ Catalepse/s///

Bravant/ L'/
Interdit///

Corollant/ mes//
Audaces/// /AKA/

107.

/// Le Cycle/ des
Daims///

Le Cercle/ des/
Gazelles///

Est/ Serti/ De
Dunes///

Qui/ Verdoient/
Sous/
Les/ Pas///

De Leurs Champions
Libres///

//
Elles Sont Fleuries
Les Dunes///

/// Elles Exhalent/
Un/
Parfum/// De
Tourments/ De Vie///

'AKA'

108.

Le/ Siècle/ des Daims///

///

Le Socle/ de/ la Liberté///

///

Est/ Celui/ des Dunes/ Reverdies///

X/ De Leur/ Fleurs

Qui Aspirent/

A/ L'/ Oasis/ Du Réel///

//

X/ Au/ Néant/ De Formes///

///
Les Gazelles/ En/ Sont Averties/// /AKA/

109.

Perdu/// Dans Une
Danse/
De// Gazelle/s

J'/Esquisse/ *Un*
Post/
Créolisme/s///

/ / /
Adepte/ Des Muses
/Du Désert/

X/ d'/Un//
Arabisme/s///
De/
Clarté///

/ / /

J'/Entrevois/ des
Arabesques/

X/ Des Songes/
Dénoués/
En//
Fleurs///

Catégoriques/ De
Corolles/

Car/

La Fleur/ Est/
Réelle///

En/ Soupçon/s/ De
Calicée/s///

'AKA'

110.

Je/ N'/Interdis

Rien/

A/ Personne///

///

X/ Ne Pense pas/
Que/
Quelque Chose Soit
Interdit///

/ / /

*Mais Si je Respecte
Mes /
Interdits / / /*

C'/Est Parce Que/
je Connais/

Mon Cœur///

X/ Que Je//
Respecte/

Ma// Conscience/
///

Mon/ Sort// Est Un/
Au/ Réel///

'AKA'

111.

Ne/ Cherche/ pas
/

A// Savoir/

Qui/ Était//

Arabe/ Avant//
Toi///

/// Il/ N'/Y A

Pas Plus// Rosacée/
/

A/ La// Limite///

X///

Il/ N'/Y A/ pas
Plus//
Fleur//

Au/ Néant/ De
Songes////

///

Que La Vastitude/
Du/ Désert///

X/ Le Peu/ d'/Eau
De L'/Oasis///

'AKA'

112.

Si/ J'/Écris/ De La
Poésie///
IL/ Y/ A///

Une Raison///

///

J'/Ai// Travaillé/
Toute/
Ma/ Vie/
Pour/ ça///

///

Un/ Poème/ Écrit
En/
Quelques Secondes/

///

Est L'/Estime/ d'/

Une// Fleur//

Incomprise///

///

'AKA'

113.

La/ Beauté/ Est
Traître/
X/
Douloureuse/

///

Une/ Éclipse/
De/
Rose///

Voile/ Le/
Déshonneur///

De/ N'/Avoir Su
/Aimer/
A// Temps///

/// J'/Attends/
Encore///

La Fleur/ qui//
Étourdit/

La/ Mort///

D/'Avoir Été/

Vaincue///

En/ Presqu'/Île   /AKA/

114.

Face/ A/ Une/
Rose//
De/
Solitude///

///

J'/Ai/ La/
Notion/

Du/ Parfum///

/
J'/Ai Le Respect

De/ Chaque//
Grain//

/ / /

*Comptés/ Jusqu'/
A/ L'/Aube/ / /*

/ / /

Soit/ J'/Éprouve
Le/ Temps///

/
Soit/ J'/Éprouve/
/// L'/Instant/
De/ Prière///

/// J'/Attend/
L'/Éclosion/
/// d'/Essence/s///

De La Fraternité
Close///

'AKA'

115.

La/ Lumière/

Est/ Un/ Pardon

///

J'/Ai Accepté/
ma/ Part/
d'/Ombre///

///

Puis/ m'/En Suis
Délivré///

/ / /
Par La Bonté / /
d' / Un Verre /
De /
Vin / / /

///

/// En Versets

Il Est Écrit//

Tu Ne Boiras/
Point///

*/// Renversé/ En
Coupe/
Sertie///*

*Le/ Vin// Guérit/
Un/ Cœur///*

'AKA'

116.

Le/ Respect/
Des/
Âmes//

Est Une/ Fleur/
De/
Solidarité///

///

Je/ m'/Envole/
Au/
Sein/ des//
Sphères///

Une/ Larme/ Au
Temps///

L'/Instant/ d'/
Une/
Brise/ / /

X/ d'/Une/
Étreinte/
Atypique///

Pour/ qu'/Un/
Papillon/
Me/ Pique/ d'/
Être/
Amoureux///   /AKA/

117.

Nul/ Ne Connaît
Sans/
Amour///

/
X/ qui/ Aime/

Ne Cherche/
Plus/
A/
Savoir///

///

Je/ Saisis/ La/
Saveur/

d'/Une Fleur/

Calicée/ De//
Tourments///

J'/Opte/ Pour Le
Désert///

X/ Le Réel/ d'/
Une/
Oasis///

'AKA'

118.

Je/ Suis/ Pire/
En/
Amour///

///

Je/ Rivalise/

Avec/ L'/
Audace/// De Ne

Rien/ Dire///

///

J'Ecris/ Une//
Poésie///

Pour/ qu'Elle//
Soit
Lisible//

///

Sous La/ Forme/
d'/Une
Fleur///

Une/
Calligraphie/
De/
Limbes//

Entrelacées///

'AKA'

119.

La/ Fleur/

De/ La/
Solitude///

La/ Rose/ Du//
Pardon///

/// Je L'/Ai
Vue///

/// Elle/ A/

///

Enivré/ mon/
Cœur///

Elle/ A/

Définit/ Une//
Nouvelle/ Saison//

///

Qui/

Reniera/

Ses/ Amours/
???

Qui///

Oubliera/ d'/
Aimer///
???

Qui ///?

'AKA'

120.

L'/Amour// Est
Lumière/

/

L'/Amour// Est
L'/Arabesque/s/
De/
L'/Art///

///

*Au/ Delà/ Des
Formes///*

*Est/ Une/
Calligraphie///*

*Qui/ Ne Dit//
Rien///*

X/ Ne Caresse//
Un/
Songe/s///

Sauf/ Le Réel/ d'/
Une/ Fleur///

'AKA'

121.

Tu/ As/ Le//
Visage/
De/
L'/Amour///

///

Tu/ As Le//
Visage/
d'/Une Rose/ Sans
Détours//

Aux/ Parfums//
Musqués///

///

Je Suis/ Ivre
De/
Beauté///

// Par/ Ici/

Tranquille///

/// Par/ Là/

Étourdissante/

Tel/ Un Vin/

Cacheté///

d'/Être/ *Trop/ Sûr/*

Mûr/ Pour/ Être/

Apprécié///

'AKA'

122.

Je/ Prêche/ Les
Fleurs///

///
Pas// La Fumée//
Sans/
Feu///

///

Il/ Est//

Brûlant/ De Vivre

//

Au Risque/ De
Tout/
Perdre///

Sur/ ma/ Peau/ Je
Vois//
Fleurir///

Le/ Désir/ De La//
Tienne///

'AKA'

123.

J'/Ai/ Bu/ Un//
Verre/

De/
Vin///

X/ Au Milieu/ des
Roses/

J'/Ai Vu/ L'/

Imam///
///

Interne///

///

Je me Suis Mis//

//
Genoux//
A/
Terre///

X me Suis Incliné
A/ Prier/

Sur/ Tapis/ Orné/
d'/
Arabesques///

Au Sein/ D'//
Essence/s///
X/
Parfums/

'AKA'

124.

Certes/ L'/Al
Khôl/

Est// Interdit//

///

Il/ Ne Faut pas/
En/
Abuser///

///

Il Ne Faut User
/De//
Prestige/s///

Pour Se/ Croire/
Être/
Pauvre/s///

///

Sur/ Une/

Presqu'/Île//

Le Prodige///

d'/Une Éclipse/ De Rose///

Pourpre///

A Fait Du Soupçon/ D'/Audace

d'/Un// Désert///

Le Parfum/ d'/
Être/
Libre///

'AKA'

125.

Jardin// Secret

///

Jardin Secret/
De/
Rêveries/ X/ De
Dunes///

///

*A/ moi/ L'/
Incandescent///*

Pétale///

Qui Étourdit///

*///
Je/ Suis/ Ivre/
De/
Corolle/s///*

d'/Al Khôl/ Interdit

Pour De Vrai///

'AKA'

126.

Je Suis/ L'/
Arabe///

///

/
L'/Arabesque/s
Des/
Temps///

///

L'/Imam/ Sur La
Colline/

Reclus///

Parmi/ Le/
Cortège/

Des/// Dunes/

/
Optant/// Pour Un

/Style///

De/ Calligraphie/

Vengeresse///

/
J'/Honore/ la Fleur
Des/ Pauvres///

/
X/ Celle/ Des/
Derviches///

'AKA'

127.

Ce que/ Tu m'/As
Interdit//

Je/ L'/Ai Fait

///

Ce que Tu m'/As
Volé/

Je L'/Ai Reçu///

///

qu'/As Tu A m'/
Accuser/

Encore///

?/ Qu'/As Tu//

A/ Ne pas/ Voir

La Fleur/

qui/ s'/Épanouit/

???

'AKA'

128.

Chaque/ Jour/ Je/

Voyage///

Dans d'Autres//

Cultures///

///
Chaque/ Jour/ Je

Fraternise///

X/

Embrasse/ L'/

Horizon///

/ / /

Assis Par Terre/

En/

Buvant/ Un Thé/

Sombre/ / /

Aux///

Nuances/ d'/Aurores

/// Je Découvre/

Chaque/ Jour///

L'Art d'/Être/

Frère///

'AKA'

129.

Il/ N'Y A pas//

d'/Interdit/s/

La Coupe/

Promise//

Est/
Celle que J'/Ai/

Partagée/

Avec/ Toi Mon/
Frère///

Dans Un Cortège/

De Sarments///

De Vignes/ De

Sarrazins///

'AKA'

130.

Viens/ T'/Asseoir/

Avec moi//

Sur Le Sol/

///
qu'/On Boive/ Un

Thé/

Ensemble///

///

Le Tapis// Est/

Ciselé/

d'/Arabesques///

///

J'/Ai Un/ Vers

Pour Toi//

Issu/ d'/Un Livre

De/ Poésie///   /AKA/

131.

Je/ Suis/ Un
Iranien///

///

Je Suis/ Un/
Arabe/

Dans La/
Sentence/ Du//

/Temps///

///

Je Suis Un/
Perse/

Un Indien/

/Un Pakistanais/

///

Vêtu Amplement///

/Je/ T'/Attends//

Sur Le Seuil/

d'/Être/ Frère/

'AKA'

132.

ô/ Frère///

Je Suis/ L'/Arabe

///

Je/ Suis/ Le

Visage/ *De L'/Amour*

Marqué/ d'/

Une Fleur/ / /

///

Sois Prince/ De/
L'/
Opprobre/// Avec
moi/
ô/ Frère///

/
IL/ Y A/ Un

Vin/ qui// Apaise/

La Douleur/ d'/

Être/

Amoureux/

'AKA'

133.

Viens/ Au Repas

*Des/
Derviches/ / /*

/ / /

Quand Tu Manges/

Tu/ N'/Es

Pas// Seul///

/ / /

Viens Avec moi/

///

Attable/ Toi/ Avec

Ceux qui Ont/

Faim/ De Vivre///

///
De Respirer Les

Parfums/ des Fleurs

De S'/Enivrer/ De

Vin/ Exquis///

'AKA'

134.

Je N'/Ai pas De

Preuves/

A/ Donner/ En

Matière/
De Religion///

/

Je///

Sais ce que Boire/

Du Vin/

Veut Dire///

/ / /

Je Sais/ ce Que

C'/Est//

Que d'/Être// Exquis

En/ Fleurs/

d'/Une Vie Dure/

De Sol/ Bon X Fleuri/
///
A/ moi/ Le Temps

X/

La/ Prière///

'AKA'

135.

Ce Que Je/ Mange

///

Je Le Mange/

Avec Les/ Pauvres

///

Ce que Je /Suis

/// Je Le Suis/

Pour Être/

Frère///

///

Étourdi/ d'/Une/

Presqu'/Île/

Appelée/ Arabie/

///

Je Sais/ *ce Que/ Veux/*

Dire/ / /

Une Corne/ De

Gazelle Dans Le/

Cœur/ / /

/

/// Une Fleur/ En

A/// Jailli///

'AKA'

136.

IL/ N'/Y a pas

d'/Interdits/

/

/ / / Je Sais ce

Qu'/ Aimer Veut Dire/

Je Ne Bois/ Du

Vin/

Par Parricide/

Ou/

Sermon///

///

Un Geste/ d'/

Opprobre///

Vaut Plus/ En

Fraternité//

Qu'/Un Délit/

d'Être/ Pauvre/

X/ Derviche///

'AKA'

137.

Il Faut/ que L'/
Amie/

Sois/ Fleur/ pour

Le Fils///

///

Il Faut que/ La

Fleur/

Sois L'/Estime

De/ Bonté///

///

Des Paraboles/ X/

Drôles De Prêches/

N'/ont Su//

Que/ Dire///

/// Face à L'/horizon

Tourmenté///

d'/Un Verre/ De Thé

Sombre///

'AKA'

138.

Les/ Arabes/ Sont

Des/ Rois//

En/ Amour///

//

/// Hââââ'!!!///

///

Aux Détours/ d'/
Une/
Improvisation/
Versifiée/

///

Il/ Y A/ Une

Autre/

Aurore///

///

Sois Poète/ Pour

Les/ Âmes///

Esseulées/

/J'/Ai/ Un Cœur/

Pour/ Toi/ mon Frère/

'AKA'

Nous/ Sommes Des

Rois/
En// Amour/

Nous Sommes Des

Arabes///

///

Hâlte/ A/ L'/
Extrémisme///

!/

La/ Vastitude/ Du

Désert/

Est/ Empourprée/ De

Roses///

L'Oasis/ Du Réel/

Est/

Tel/ Un Vin//

Exquis///   /AKA/

140.

Il N'/Y A pas/
De/

Meilleur// Au

Royaume// Des/

Derviches/

///

IL/ N'/Y A que

Des/

Humbles//

Qui/ Ont Vu/ Le

Pir///

///

A/ L'/Horizon/

Apparaît///

L'/Imam Du Raisin/

///

Je/ Suis/ RéZA/

///

J'/Ai Pris Parti/
Pour/
L'/Arabesque/s///

'AKA'

141.

Par/ La/ Fleur/

De/ Ton/ Sourire/

Je/

Touche/ La Grâce/

///

Par/ la Flûte/

Bansûri/

Je Vis/ Des//

Tourments///

/// Assis/ En Presqu'/

Île/s///

J'/Estime/ L'/Arabie/

comme/ Refuge/

/// Par/ Delà/ Deux

Indes///

En/ Lotus/ Enturbanné/   /AKA/

142.

Roi/s/// En

Amour///

///

De L'/Opprobre

Marqué/

Calligraphié/ d'/ Une

Fleur///

Je Vis/ Pour La

Tourbe///

Des/ Mirages/ Du

Désert///

X/ Puis/ les Oasis/

X/

Puis/ La Fleur/ Du

Réel/// /AKA/

143.

Quand/ Je/

Mange/

Je Ne Suis/

Jamais/

Seul///

Je Mange Avec/ Les

Pauvres///

///
Viens T' /Attabler/

Avec moi/

/
A/ La/

Nappe/ Du Désert/

///

Il Y/ A Sous/ ma

Tente/

Du/ Thé/// X/ De

La/ Poésie///

'AKA'

144.

Salué/ Par/ Les

Princes/

d'/Arabie///

/

/
Ô/ Frère/

Tu/ Es/ Un Astre

Blanc/ / /

///

Je Plante/

Un/ Arbre///

Dattier///

///

Je Vis/ Pour Le Jus

De La Vigne///

'AKA'

145.

/// Chaque/ Jour/

Je Célèbre/ la Vie

De m'/Avoir Donné/

De/ Quoi/

Être/ Heureux/

X/ De Quoi/ Être

Digne///

/ / /

Cette Vigne/ / /!!!

Ne/

La Méprise/ Pas/

/ / /

Elle/ Est Celle/

De/ L'/ Art/

d'/Être/ Frère/

X/ Arabe///   /AKA/

146.

/// Si/

Je/ Bois Du Vin/

C'/Est

Parce/ Que/

Je N'/Ai Rien à/

Perdre///

///

Si Le Fin/ Du Fin/

Est/

La/ Fine Fleur/

De/ L'Art/

D'/Aimer/ Avant/

Tout//

Je Serai Le Frère/

Que/ Tous/

Ont/ Oublié///

/

Je Serai/ *ce/ Bédouin/*

Qui/ Honore/

La/ Gloire/ Du Réel//

/// X/ Le Refuge/

De/ L'/Oasis///

'AKA'

147.

Ô/ Toi/ ma/ Mère

L'/Arabe/

Volupté/ Du//

/Désert///

///

/

ô/ Toi La Fière

X/ Farouche

Colombe/

Envolée///

///

Je Sais/ ce Que

Libre/ Veut Dire/

///

Je Sais ce Que/ Cœur

Brisé/ Vient à Fleurir/

/// Je Suis/// Poète/

d'/Arabie/s///

'AKA'

148.

Hakim / Sélim /

Ali /

Hassan / / /

/

/ / / A / Qui /

Revient / Le Droit

*De /
Condamner / Un*

Poète / / /

/ / / ? / Je Suis L'Arabe

Devant / *Dieu /*

// Je Suis/

Empourpré/ De Dunes/

Encore/ Or/s/ à L'/

Aurore/

Encore Une/s/ *Sous*

La Lumière/ / /

De La/// Lune/

Seul / Dans Le Désert

/ / / Roi En / / /

Amour / / /

'AKA'

149.

Nous/ Sommes/

/
/Rois En Amour///

/
Nous/ Sommes/

Arabes/ Par Delà Les

Deux/ Indes///

/
Ravis/ En/

Presqu'/Île/

De/ Jardins/ d'Arabie

/// Où/ Es/ La Grâce/

Des/

Fleurs/

X/ L'/Inexistence/

Trop/ Grave/

d'/Être/ Arabe/s///
///???//   /AKA/

150.

Roi/s/ En/ Amour

/ / /
Roi/s En/ Amour/

/ / /

Je/ ne Suis/

Pas/

Un/ Extrémiste/

///

Voici/ Des Fleurs/

Pour/ Vous/ Faire/

Taire///

/
Assis/ Sur/ Le Sol
/

Poète/ d'/Arabie/s/

///

J'/Excuse/// En/
Presqu'/Île/s///

L'/Audace/ De/

L'/Opprobre///

/
Viens/ *X/ Partage/*

Un/ Verre/ De Thé/

///Sombre/s///

'AKA'

151.

Roi/s/ En Amour

Roi/s/ En Amour

Roi/s/ En Amour

///

Je/ Dévoue/ ma/

Vie///

A/ La Fleur/ d'/Une

Marge///

/
Cette/ Marge/

Est/ Une/

Épreuve/

d'/Aimer/ X/ De Vivre

Je/ Suis/ ivre/

d'/Être/

Attardé/

/// A/ Trop/ Attendre

La Lune/

Régner/ Sur Le///

Désert/ / /

'AKA'

152.

Viens/ Boire/// A

La/ Mamelle/

De/ Ta Mère//

/
Il / N'/ Y A que /

Des/

Derviches/ Ici//

/ / / Qui Vivent /

Seuls /

Dans Le/ Désert/

/
Qui / s'/ Enivre / Du Vin

Du Réel / X De L'/ Oasis

/
Sois/ Une/ Preuve

d'/Estime/ Pour La Fleur

Des/ Pauvres///   /AKA/

153.

Les/ Arabes/ Sont Des/

Rois/ En// Amour/

/ / /

/
Ne/ Parle/ Pas

Leur/

Langue/ Sans Avoir

Eu/ Mal// En Fleur/
s///
/
Garde/ la Bouche

Close/

Si/ Tu As/ Vu

Des/

Colombes///

/
Sois/ Une Preuve/

d'/Estime/

Pour La Gazelle/

Qui/ Défend/ Son Fils/

'AKA'

154.

Mon/ *Dieu/*

me Demande/ d'/

Aimer/

/// Mon/ *Dieu/* m'/

A fait// Erré/ dans La Rue/ / /

/ / /

A/ La/ Quête/ d'/Une Fleur///

d'/Aurore/ X/ Pauvreté///

///

La/ Gloire/ d'/Être/

Pauvre///

Est/ De S'/Avouer

Vaincu///

/// Corollé/ En Néant

///

Mon/ *Dieu/ N'/ Est plus*
/

J'/Ai Partagé/ Avec/ mon
Frère/

Une Coupe/ Sertie/
Remplie/
De/
Fleurs///

'AKA'

155.

Paix/ Respect/

X/

Bénédiction/s/

///
Slim/

Le Sage/

A/ Une Dernière

Parole/

A/ Te Dire///

/
Nous Sommes/ Ici

Pour Te/ Prouver

Que L'/Amour Existe

/// Une Fleur/

De/ Pauvreté///

/// Une Insolence/ d'/

Être// Arabe/// /AKA/

156.

Un/ Dernier/ Effort

Avant/ qu'/On

s'/Enflore/

/
/// Derviche/ Ne

Veut/ pas/ Dire

Par/ Ici/

L'/Attardé///

/
Rusé/ En/ Vins///

Contre/ Toute/

Main Mise/ Triste/

/
Je/ Ne Donne/

d'/Ordre/

Je/ N'/En Reçois/

Je Ne Suis/

Sinon/ Libre/ En

Fleurs///

'AKA'

Cette/ Rose/

Tu/ Ne L'/As Vue

Nulle/ Part//

Ailleurs///

Cette Rare/ Floraison

/// Je/ N'/En Suis

Que/ Trop/

Tourmenté///

Ivre/ Je/ Suis

Vivre/

Je/ Veux///

Calice/

d'/Aurore/ Ciselée

//

Je Tombe/ En

/// Syncope/s///   /AKA/

158.

Regarde/ mon//

Allure/

De/

///
Derviche/

X/

Tu/ Ne Comprendras

Rien/

A/ Mes/ Origines/

///

Je Hume/ Une Fleur

d'/Être/

Strictement/

Pauvre///

/
Je/ Brûle/ mon/

Cœur/

d'/Aimer/ Trop///

///
Longtemps///

'AKA'

159.

On/ m'/A Tout//

Interdit/

/
/// On/ m'/A bien

Arnaqué///

///

J'/Ai L'/// Art/
D'/Être/

/// Épris///

De ce qu'IL ne Faut

Pas/ faire///

///

Au/ Summum/ De La///

Limite/

Est La Fleur/

/// Valeureuse/

///

Le/ Bon/ Cœur

d'/Être/

Pauvre/s///

/// L'/Éthique/

Traître/ X/

Terrible///

/

De La Science/ Du

Derviche/ / /

De/ La Saveur/ Du

Vin/

'AKA'

160.

Ô/ Toi/ ma/

Douce Aurore/

A/ La/

Grâce/ De Colombe/

/
Le Vin/ De

Tes/ /

Nichons/

Je L'/ Ai Bu/

Jusqu'/ A la/ Mort

/

/// Je Suis/

Ivre/ *De*

Presser/

L'Ivresse/ De

L'/Enfant/// Des

Dunes///

/ / / La Mamelle/ Du

Temps / / /

Couvre/ moi/ De

Tes/
Ailes/// ///

'AKA'

161.

Personne/ Ne//

Touchera/ A Cette
Rose//
Noire///

///
Personne/ Ne/
Contestera/

La Rose/
/ Arabe///

///

Au/ Paradis/ Je
Vais/
Pieds/ Nus///

Perdu / / /

*Dans La Vastitude/
Du/
Désert / / /*

///

Là/ Où/ Il/ Y/ A/ Controverse///

Au/ Destin///

/

/ / / *Je Ne Veux/*

Point/ Être/ Juge

/// Car/ L'/Identité

Est/ Un//

Paradoxe/ *De/ L'/*

Oubli / / /

'AKA'

162.

Il/ Y/ A Une//

Direction/

Pour/ Prier//

///

Sans/ Prière/

/// La/ Vie/ Ne

Tiendrait/ pas

Debout///

///

Sois/ Sage/

X/
Honore/ la Rose

Du/ Pardon//

///

Sois/ Bon/ X/ Verse

Du/ Vin/ Aux/

Derviches///

'AKA'

163.

J'/Ai Dépassé/ ma

Condition//

Raciale///

///

J'/Ai Ta Fleur//

Marquée/

Sur ma/ Peau/

///

En/ Vertu/

d'/Une Opprobre

De Rosacée/s//

///
Je Veux/ Le Vin X/ La

Roseraie///

moi/ L'/Imam/ Du//

Raisin/

X/ Des// Arabesques/

'AKA'

164.

Viens/ mon/

Fils/

/// Viens Boire/

A/ La Mamelle//

De/ Ta Mère/

///

/// Le Désert/ Est

Un Refuge/
Pour/ Ceux/ qui//

N'/Ont Rien///

/

Le / Désert / Recèle

d'/Une Oasis/

/ / / Au Dessus/ De

Tout / / /

///

Par La/ Fleur/ De

La Misère///

Je Veux/ Boire Un

Peu/ De

Cette Eau///

'AKA'

165.

Je Suis//

Fatigué/ De Rester

Là/ Sans Rien/

Dire///

///

Je Veux/ Ressentir

La Brûlure/ d'/

Aimer/ dans mon/

Corps///

///

Je Veux/ Ressentir

Le/ Désir/

Du/ Respect/ De La

Cuve///

///

Du Vin/ qui Étourdit

///

X/ Qui Laisse/ Sur

Le Carreau/x///

'AKA'

166.

Dévoile/ moi/ Tes

Seins/

Que/ Je/ Boive/
A/
La// Mamelle///

Ô/ Ma/ Mère///

///

/// Je Suis/ Ivre

Du/ Désert///

Soul/ De L'/Oasis

/
Nu/

d'/Être A/ Bout/

De/ Poésie///

X/ De Fleurs///

/
Enveloppé/ De Ta/

Coupe/

X/ De Tes/ Ailes///

/
/// Tant/ Ivre///

Que/ Je Tombe/

Brisé/ X/ Mort/ / /

'AKA'

167.

Nous Sommes/ Des

Arabes ///

/
Roi/s En Amour//

///
Restez à Votre

Place ///

///

/// Dans Le Désert

/// La Vastitude/

N'/A /Pas/ De

Limite/s///

/
Songe/ A/

Respecter

L'/Oasis/

Si/ Tu Veux/ Un

Peu/ d'/Eau///

'AKA'

168.

Je N'/Ai pas/ la

Prétention/ De

Croire/ / /

Mais Chaque/

/// Jour/

Je Pose mon/ Front

Sur Un Tapis/

Couleur/ Safran/

De/ Vin/

Versé/ / /

/
/// Mon Cœur

Ressent/ L'/Appel

D'/*Une Autre/ Aurore/*

///

Par/ La Lune///

Tranchée///

La/ Nuit/ En

Resplendit///

'AKA'

169.

Donnes/ moi/ Le

Sein/

Ô/ ma// Mère///

/// Donnes/ moi/

Le Sein///

Je Veux/ m'/

Enivrer/ De Ton/

Vin///

/// Le/ Désert///

Est Tel/ Un Océan//

Que J'/Ai Tant/

Bu///

Donnes/ moi/ Le/

Sein///

Encore///

Une/ Fois///

Que Je/ Sois/ Entre

Tes/ Bras///

/// Ivre/ Né///

'AKA'

170.

/ / / Le Roi / des

Déracinés///

A/ Trouvé/ Une

Terre / / /

Sur/ Laquelle

Fleurir///

//

Il s'Agit/ Du/

Désert/

///
Tiens/ Le Toi/ pour

Dit///

Je Ne Donnerai/ Pas

Cette/ Oasis///

Je Vis/ Encore/

Pour/ Aimer///   /AKA/

171.

Ma// Mère/ m'/
A/
Appelé///

Elle m'/A Dit/

Viens//
Par/ Ici///

///

Je Suis/ Venu/

X/ J'/Ai

Bu/ à La Mamelle/

///

Je Suis Encore

Ivre///

d'/Être/ Un

Enfant///

Je Suis Rougi///

d'/Être///

Né/ d'Une Fleur/

'AKA'

172.

Honore/ Tes

Ancêtres//

Les/ Arabes///

///

Pour/ Leur/

Iconoclasme///

///

Il N'/Y A pas

d'/Interdit///

/
Mais La Bonne Foi/

Est Le Maître///

///

L'/Oiseau/ Prêche

Le Bien///

X/ Non/ le Mal/

/
J'/Admire/ la/

Gazelle/ Libre///

X/ J'/Ai mal/ Au

Cœur///

'AKA'

173.

Celui qui/ A//
/
Un/ Trésor/
Auprès/
De/
Lui///

Finit/// Toujours

/
Par// Le/ Perdre

///
Je Suis/ Pauvre/

d'/Une Fleur/

///
De/ Pauvreté//

/Je Suis/

Arabe/ Devant/ Dieu

La Lune Tranchée

/// Est ma/

Limite///

/
Al Saddiq / Muntaha

La Juste/ Limite

Des/ Derviches///

Qui s'/Enivrent///

'AKA'

174.

Il N'/Y A pas
d'/Interdit/s/

Mais La Bonne//
Foi/

Est/ Le Maître/

/ / / *Je Suis/*
Totalement/
Libre/

Je Sais/

ce Dont/ mon
Cœur / /

Ne Veut / / pas/

/
La// Fleur De
Sincérité/

///
A/ Pris Le Pas
Sur/
L'/Indécence///

Le/ Respect/
Est/
De/ Reconnaître/
Ne Savoir/
Rien///

'AKA'

175.

Rien/ Ne Sert
De/
Chercher/
Les Erreurs/ de
Ton/
Prochain//

*/ / / La Faute/
Des/
Autres / /*

*Est / Peut Être
Leur /
Salut / / /*

///
A/ L'/Antre/
De/
La/ Misère///

Est/ Une Autre//
Aurore///

Sois/ Un Oubli
Pour/
Ton/ Frère///

A/ Un Faux/ Pas
Il/
Jaillit/ Une Fleur/   /AKA/

176.

Par/ La Rose/

La Plus/ Pourpre/s/

/ / /
Sombre/ d'Aurore/s/

///

Par/ L'/Ivresse/

La/ Plus//
Tourbe/

///
De Grâce/ X De/

Volupté/s///

/// Par Ta/

Gaucherie/

Tu/ Es Prince/

De

Derviches///

Tu/ Es/ Brave///

d'Être/ Libre//

De Poésie/ d'Ivresse/

X/ De Songes/

Anéantis///

'AKA'

177.

Tu/ N'/As pas/ à
Rougir/

De// Ta Honte/

///
Elle Est/ Devenue

Une Fleur/

/
L'/Opprobre//

Tant///

Redoutée///

///

Périssable///

Est/ le Choix/
///
Du

Qu'/En Dira/ T/ On

///

Épanouie/// Est

La/ Poésie/

d'/Être/ Une Fleur/

'AKA'

178.

Sur/ Un Chemin
De/
Roses/ Noires/

Je/ m'/Arrête/

X Bois L'/
Eau/
d'/Une Rivière

Douce///

/
Étourdi/

Je m'/interroge

Sur/ *la Nature*

Du/ Vin/ / /

/
/J'/Admire/

Une Gazelle/ Libre

D'/ Un /

Regard / me /

Perçant / Le Cœur /

///

Une Fleur/ En/

Jaillit///

'AKA'

179.

A/ Deux/ Pas/
De/
L'/Impossible/

Est L'/Aurore/ Des Marges/

Je/ Succombe/ Entre/
Deux/
Dunes/ / /

///
Je Chancelle/ Sur
Un/
Dos/ d'/Âne/ / /

/
Ivre/ / /

Revêtu/ De Laine//

/

Fou / Tel / Hakim /

/
Perdu/

Entre/ Lisière
De/
Songes/ / /

X/ Optique/
Écliptique/ Du

Réel/ / /

'AKA'

180.

Je/ N'/Ai pas//

A/ Être/
Jugé/
Pour/ Une Rose//

///

/
Je m'/En Viens

*Te/ Saluer/
Par/*

Le/ Ta'ârof/ / /

/ / /

La/ Flore/ Est

Drôle///

Exquise/// Est La/
Corolle/

Des/ Arabes///

/
A Fleur/ De Prose/

Est/ La Fleur/
Des/

Pauvres/ / /

'AKA'

181.

La Fleur/ c'/Est

L'/Amour/ / /

///

Jamais/ Je Ne//

Chercherai/

A/ La/

Conquérir/ / /

/

Aux/ Détours/ d'/

Une/ Prose/

/

L'/Ivresse/ A De

Beaux/ Atours/

/

Je Suis/ Le Danger

d'/Oubli/

En/ Parfum/s/ / /

'AKA'

182.

J'/Ai// Perdu/ mon Pays/
X/ Je/ Ne Le/ Retrouverai/

Plus///

///

J'/Ai/ Posé/ mes

Écrits/

X/ J'/Ai Laissé/ ma//

Plume/
///

/
Un Vers/ Improvisé

/// Vaut bien/

L'/Oubli/

De/ La/ Nostalgie/

/

Les/ Racines/ Ne/ Valent/

Que Lorsque/ La// Fleur/

Est/ Éclose/ / /

'AKA'

183.

Qui Suis/ Je//
???

Le Vent///

La Brise///

/ / /

*Un Soupçon/ De/
Pétales/*

A/ Travers/ La

Nuit/

/ / /

Le Scintillement

Exquis/ d'/
Une/
Rosée// Au/
Matin/ / /

///

Un/ Chant/ d'/
Oiseau/
Qui/
N'/A/ Jamais/
Existé/ / /

'AKA'

184.

Ce que/ mon/
Cœur/

A Voulu///

///
Je L'/Ai Voulu
Aussi/

/ / /

Ce qu'/Il m'/A
Refusé/

Je Lui Ai/
Concédé/
Avec/// Grâce/s/

/ / /

Pourquoi/ m'/
Interdis/
Tu/

Ce que/ Tu m'/
A/ Pris/
Déjà/ / /

///

Hagard/// Je Te
Le Rend/

///
Mesquin/ Tu me/
Le Prend/
A/ Nouveau///

moi/ Le Pauvre/
X/
L'/Égaré/

Je N'/Ai que La/
Fleur/
Des/ Pauvres/

'AKA'

185.

Le Tour/ Du/
Monde/
N'/Existe pas/

/

Un Sourire/

Est/
Déjà/ Beaucoup/

/ / /

Il Faut Faire Le
Tour Du/
Monde Pour/
Connaître/ Le
Parfum///
d'/Une Fleur/ / /

///

Le Tour/ du/
Monde/
Est/ Un/
Cercle/
De/ Néant///

'AKA'

186.

Untel/ A/ Dit
Que
J'/Étais//

Ainsi///

/

L'Autre/ A Dit

Que/ J'/Étais

Cela///

/ / /

/
moi/ Je Ne Sais
Pas/
Qui/ Sont/
Les/
Autres/ / /

Je Suis L'/
Apôtre/
Du/
Raisin/ / /

RéZA/ L'/Imam/

A/ L'/Horizon/   /AKA/

187.

J'/Ai passé/ ma
Vie///

A/ Chercher/

Sans/ Rien Dire

/ / /

Je me/ Suis/
Retrouvé/
Au Beau/ Milieu

/ / /
Du/
Désert/ / /

/
J'/Ai Bu De L'/
Eau/
Qu'/Il Restait/
Au/
Creux/ De Deux/
Dunes/ / /

///

Depuis/ Je Vois/
Des/
Corolles/

A/ N'/En plus/
Finir

/ / /

'AKA'

188.

La/ Couleur/

De La/
Fleur///

Je N'/Ai Jamais
Cherché/

A/ La/
Connaître///

///

Je/ Sais/ Son/

Parfum/ / /

/
Je/ Sens/

La/ Turpitude///

/
d'/Aimer Trop/

Loin/

D'/Aimer/ trop

Fort///

///

Il Ne Reste/ plus
Rien/
Du/ Passé///

A/ L'/Horizon/

Du/
Désert/

Je/ Contemple/

Ma/ Solitude/

/
X/ Sa Flore/

d'/Instant/ Clos/

'AKA'

189.

J'/Ai Trouvé/
Une/
Fleur/

De/ Solitude/

Entre/
Jugement/s/ X/
Préjugé/s///

/
J'Ai Trouvé/ Une
Corolle/
De/
Dunes///

/
Pour m'/Assouvir

Dans/ Le Réel/

/

A Fleur De Prose
X/ Poésie/

De Cause/
Extatique/ Du
Vin/ / /

/
Je Propose La
Voie/
De/ L'/Impossible

/
L'/Horizon d'/Une
Aurore/
X/
D'/Une
Clarté/ / /

'AKA'

De L'Identité Perdue/
Dans La Vastitude Du Désert /
**Quelques Textes Poétiques/
& Thématiques/**

Personne/ Ne

Touchera/

Au/ Thé Sombre

///
X/ A/ La/ Rose///

Arabe/s///

De /Hakim Slim///

'AKA'

Au/ Creux *Des Dunes/*
X/

A/ La Limite/ De La Rose/

J'/Ai/ Perdu mon/ Ombre/ / /

'AKA'

I/

Personne Ne/
Touchera/

A/ La Rose//
Arabe/

De/ Hakim/ Slim/

///

Je/ me/ Suis/
Élevé/

Jusqu'/A La//
Limite/

Par Des/
Dévotions//

X/ Par La Crainte/

De L'/Heure///

//
J'/Ai Un/ Thé//
Sombre/

Pour/ Parvenir//

Au/ Respect/// /AKA/

II/

Personne Ne/
Touchera/

A/ La Rose//
Arabe/

De/ Hakim/ Slim/

///

Selim/ Hassan/ Est
Mon/
Nom///

///

Entends/ Tu/ La//
Discorde///

///

De/ Celui qui/
Obtus///

Ignore/ La Rose Noire/

X/ L'/Harmonie/

De Ses/
Pétales///

///

Sois/ Un Derviche/

En/// Fleurs/

X/ En Poésie/s/ / /

'AKA'

III/

Personne/ Ne

Touchera/

///
X/ A/ La/ Rose///

Arabe/s///

De /Hakim Slim///

/

d'/Une Corne/

d'/Abondance/s/ d'/

Antilope/s///

///

Jaillissent/ Toutes

Les/ Fleurs///

Les/ Plus/ Éprouvées.

///

Celui/ qui N'/A Vu

Le/ Pardon///

/// En Aurait/

Abuser/

s'/Il L'/Avait/ Vu//

///

// Prise/ la Fleur/

Des Derviches/

///

Honore/ La Fleur/

Des/// Pauvres/

/AKA/

/ / / 'AKA' / / /

Je/ Suis Hâ///

///
Je/ Suis//

/// Selim/

///

Il/ N'/Y A/ Rien
Au/
Delà/ De
La/
Fleur///

J'/Ai Vu La Limite/

X/
Je/ ne/ Sais//
Plus/
Rien///

'AKA'

Bio & Infos/
Bio/Contacts/Liens
Infos/Bibliographie/s

Appelle/ moi//

Monsieur/ Hassan/

Appelle/ moi/

Homme/ De Cœur/

'AKA'

Bio

AKA Louis est un Poète et Créateur de Dessins Artistiques, Auteur d'Opus Poétiques Littéraires, Audio et Visuels. AKA Louis publie régulièrement de nombreux ouvrages, parmi lesquels, des Recueils de Poésie, évocateurs, et rafraîchissants, ainsi que quelques Recueils d'Esquisses Couleur, accompagnés de Textes liés à des thèmes forts et inspirants.
Les Dessins Artistiques d'AKA Louis, sont des Créations qu'il nomme 'Esquisses Colorées', et qui se situent entre le Dessin et la Peinture...
Pour exprimer et partager, son goût d'une Vie Intérieure fleurie, et positive, AKA Louis utilise les Feutres à Alcool, Les Pinceaux, L'Encre de Chine, et toute une variété de pointes fines et biseau traçant la Beauté du Monde, et l'Originalité saisissante de l'Art de Vivre authentique.
Les OEuvres Graphiques d'AKA Louis tendent, en partie, à se diriger vers la Peinture sous une forme expressive et abstraite...
Le Nom de Plume d'AKA Louis, fait d'abord référence, par Jeu Phonétique, au vocabulaire Japonais, mais peut aussi s'interpréter selon une lecture originale de différentes Langues Orientales.

On y retrouve les Notions de 'Frère Ainé', d'émotions liées à la Couleur Rouge, à la Clarté et à la Lumière, ainsi qu'à l'Ivresse, à la Marge et au Plaisir de Vivre. AKA Louis est également Musicien et Lyriciste sous un autre nom d'Artiste, en tant qu'Auteur, Compositeur, et Interprète de nombreux Projets Musicaux.

AKA Louis, Veut Dire,
Alias Louis.

Contact

akalouis.plume@yahoo.fr

- Liens -

Twitter

@AKALouisPoete
https://twitter.com/AKALouisPoete

Facebook

https://www.facebook.com/akalouisecrivain/

YouTube

Chaîne :
AKA Louis/Poète x Illustrateur

Tumblr

http://akalouisecrivain.tumblr.com/

AKA Louis/*Silent N' Wise*

http://akalouis.silentnwise.com/
www.akalouisportfolio.silentnwise.com

Ouvrages de l'Auteur
(Liste Non-Exhaustive)

Les Axiomes Démasqués
(Recueil de Textes et Nouvelles) (2015)
(...)
Le Recueil D'Esquisses Colorées
(63 Croquis Colorés et 7 Textes Poétiques)
(2017)

(...)

The Colored Sketches Collection
(63 Colored Sketches And 7 Poetic Texts) (2017)

Derviche/s
(Portraits d'Anachorètes en Peinture/s)
(2018)

Dervish/es
(Portraits of Anchorites in Sketche/s)
(2018)

Le Frère
(Salutations à Mes Frères en Ivresse/s)
(2018)

Ô, Rose Noire d'Iran
*(Pèlerinage Vers L'Unité
Interne de La Beauté)*
(2019)

Vision/s
*(Éloge de L'Intuition Pure et de
La Vision Interne Sans Formes)* (2019)

Le Disciple de La Colombe
*(Une OEuvre Poétique En
Hommage à Malcolm X)* (2019)

La Proclamation du Raisin
*(Manifeste Poétique
d'Ivresse/s & de Délivrance)* (2019)

La Rose Andalouse (2020)
(Patchwork de Poésie x de Culture/s)

La Coupe de Vin &
L'Arabisme
*(Ou La Voie Poétique
des Lettres & des Versets)* (2020)

L'Origine du Martyr
*(Entre Le Mensonge & La Danse,
Sans Fin/s...)* (2020)

Masques & Géométrisme/s
*(Abstraction/s X Parallélisme,
Entre L'Orient & L'Art Premier) (2020)*

Les Lettres d'Arabisme/s
*(Manifeste d'Engagement Poétique
De Versets & de Lettres) (2020)*

Audio x Vidéos
(Opus Sonores x Visuels)

Films Poétiques
(s/ YouTube)

POEMes CRISToLIENs #1
(Créteil, La Cité De L'Aube, Part 1 x 2)

POEMes CRISToLIENs #2
(Peinture Murale, Part 1 x 2)

Un Poète…
(Esquisses de Déclamation/s Poétique/s)

Les Poèmes d'AKA – Série de Vidéos

ô, Rose Noire d'Iran/ *La Déclamation…*

Le Disciple de La Colombe
– *L'Éloge…*

L'Oasis du Réel
(Un Film d'Art & de Poésie)
(A Paraître…)

Opus Audio
(s/ Bandcamp)

POEMes CRISToLIENs #1
Créteil, La Cité de L'Aube

POEMes CRISToLIENs #2
Peinture Murale
/Un Hommage Au Graffiti

Corolle/s

ô, Rose Noire d'Iran/ La Déclamation

Entre 2 Indes

AKA Louis - Conseils de Lecture /1
(Introduction x Aperçu)

Mes Meilleurs Ouvrages Sont mes Recueils de Poésie. Ce sont les seuls que Je Conseille, aux Lecteurs, désireux, de connaître ma Littérature. Les plus Notables sont, mes derniers Ouvrages, depuis 'Le Recueil d'Esquisses Colorées'. Les Ouvrages Antérieurs Sont Moins Réussis. 'Ivresse de l'Eau', qui évoque le Temps Originel, comme une bonne part de mes livres, de manière plus ou moins évidente, est un Livre intéressant, mais il contient des maladresses, tout comme 'Origine/s', qui reste un Ouvrage audacieux. Mes autres Travaux sont plus ambigus, en termes de valeur littéraire, et d'interpellation du lecteur, selon moi. 'Les Axiomes Démasqués', m'ont valu d'excellents commentaires, et critiques de lecteurs, captivés par sa narration, et sa singularité, mais sa syntaxe, et son esthétique formelle, reste pour ce qui me concerne, plutôt, inaboutie… C'est un livre, particulier, que J'ai écrit, pour régler, une dette, que J'avais envers la Vie… Je ne le conseille pas nécessairement, mais, il reste disponible à la lecture. 'Asymétrie Paradisiaque', et 'Ballade Anti/Philosophique', ne sont plus disponibles depuis le mois de Mars 2018…

AKA Louis,
Poète X Illustrateur.

AKA Louis - Conseils de Lecture /2
(Les Meilleurs Ouvrages)

Les ouvrages publiés à partir du 'Recueil d'Esquisses Colorées' seront a priori d'un intérêt littéraire plus solide que mes tout premiers travaux poétiques, mais aussi d'une maîtrise plus aboutie en termes de proposition littéraire. 'ô, Rose Noire d'Iran' est, dans le fond comme dans la forme, un de mes meilleurs projets. Voici, dans un ordre aléatoire, une liste de mes ouvrages les plus incontournables :

'Le Recueil d'Esquisses Colorées'
'Derviche/s' / 'Le Frère'
'Ô, Rose Noire d'Iran' / 'Vision/s'
'Le Disciple de La Colombe'
'La Proclamation du Raisin'
'La Coupe de Vin & L' Arabisme'
'L'Origine du Martyr'
'Masques & Géométrisme/s'
'Les Lettres d' Arabisme/s'
'L'Oasis du Réel' / 'Les Lettres Marginales'

Nos Ouvrages Publiés Depuis 2019,
Sont Les Meilleurs, Les Recueils de Dessins,
Mis à Part, Pour Les Opus Importants...

Prends/ Soin De/
moi/

Ô/ ma/ Mère//

Le Désert/

/// Une Ère/

Nouvelle/ Est//
Apparue/

Au Beau/ Lever/

De L'/Aurore///

/// Je Suis/
d'/Étoffes/ Vêtu/

Tête/ Nue/ Turban
Défait/ / /

La Lune/ Haute//
Dans/ Le/
Ciel/ / /

Tape/ Encore/ Une
Fois/
En Un/ Tourments/
De/ Fleur/s/   /AKA/

AKA Louis
Les Lettres Marginales

Des/ Corolles/ X/
Du/
Vin/ qui//
Enivre//

L'/Imam/ N'/a
Point/
Dit/ Son Dernier
Mot/ / /

///

Tu/ *As Invoqué/*
Le Sombre/
Mais Je Te Le
Dit/ / /

De Deux/ Nuits/
Il/ N'/
En Restera/ Pas

Deux/ / /

/// Tu Es/ De RéZA/
X/

moi/// Je Suis/
Averti/ / /

Tu/ Es/ De RéZA
X/

moi/ Je Suis/
RéZA/ / /

'AKA'

/ / /

Appelle/ moi/ *Monsieur
Hassan*/ / /

/ / / Appelle/ moi/ *RéZA*

*Ali Hassan/ / /
/ / /
/ / / Salue moi/ Parmi/
Les/ Derviches/*

'AKA'

La/ Langue/ Arabe
Est/ ma/
Mère/ / /

/// Elle m'/
A/
Donné/ La Vie/

Elle m'/A Donné/
L'/Aurore/

///

Je Suis Averti/
En/
Poésie/
De/
Roses/ X/ De
Respect/s///

'AKA'